WITHDRAWAL

Descubre tu destino con el monje que vendió su Ferrari

Descubre tu Destino

con el Monje Que Vendió Su Ferrari

Robin S. Sharma

Traducción de
Jordi Beltrán

Grijalbo

Título original: *Discover your Destiny with the Monk who sold his Ferrari: The 7 Stages o Self-Awakening*

Primera edición en U.S.A.: marzo, 2005

© 2004, Robin S. Sharma
  Publicado por acuerdo con HarperCollins Publishers Ltd., Toronto, Canadá
© 2005, Grupo Editorial Random House Mondadori, S. L.
  Travessera de Gràcia, 47-49. 08021 Barcelona
© 2005, Jordi Beltran Ferrer, por la traducción

Quedan rigurosamente prohibidas, sin la autorización escrita de los titulares del *copyright*, bajo las sanciones establecidas en las leyes, la reproducción parcial o total de esta obra por cualquier medio o procedimiento, comprendidos la reprografía y el tratamiento informático, y la distribución de ejemplares de ella mediante alquiler o préstamo públicos.

Printed in Spain – Impreso en España

ISBN: 0-30727-393-8

Distributed by Random House, Inc.

*El presente libro está dedicado a los
compañeros de búsqueda, esos valientes
que tienen el coraje de apartarse de
la multitud y encontrar el camino
que lleva a un lugar llamado autenticidad.*

*Que tu determinación de despertar y vivir
en el potencial verdadero no flaquee.
Que las lecciones que aprenderás lleguen
con dulzura. Que tus tenebrosas noches
del alma sean contadísimas. Y que brilles
tan intensamente que, al llegar el final
de tus días, todos se detengan y digan:
«Ah, he aquí uno que ha vivido plena
y completamente».*

ÍNDICE

Agradecimientos	. . . .	11
Introducción de Robin Sharma	. . . .	15
UNO: Una emergencia espiritual	. . . .	23
DOS: El buscador conoce a un maestro	. . . . . .	36
TRES: El buscador aprende el poder de una vocación y el significado oculto del destino	. . . . .	77
CUATRO: El buscador sabe del crimen de la autotraición y cómo quitarse las cadenas	. . . .	101
CINCO: El buscador descubre la elección más importante que puede hacer un ser humano	. . .	129
SEIS: El buscador entra en la maravilla y la posibilidad	. . . .	144
SIETE: El buscador recibe instrucciones de los maestros	. . . .	159
OCHO: El estudiante se empieza a transformar y recrear a sí mismo	. . . .	184
NUEVE: El buscador es puesto a prueba	. . . . . .	203
DIEZ: El buscador despierta	. . . .	223
Las siete Etapas del Autodespertar	. . . .	235
Las cinco devociones diarias	. . . .	237

Agradecimientos

Tengo la suerte de que me rodeen muchas personas extraordinarias en mi vida. Sin ellas, no me hubiera sido posible hacer lo que hago y cumplir mi misión de ayudar a las personas a alcanzar una vida más elevada. Estoy profundamente agradecido a todos los que me han ayudado a dar forma a mis ideas, me han alentado a tener grandes sueños y han colaborado en la divulgación de mi mensaje.

Debo ofrecer mi agradecimiento especial a mis colaboradores de Sharma Leadership International. Doy las gracias en particular a Marie Witten, mi maravillosa ayudante ejecutiva; a Al Moscardelli, con quien cuento de tantas maneras; y a Marnie Ballane, cuyo entusiasmo siempre me inspira.

También es importante expresar mi gratitud a todo el equipo de HarperCollins, que tanto ha apoyado mi trabajo. Gracias a Iris Tupholme, David Kent, Akka Janssen, Kevin Hanson, Noelle Zitzer, Lisa Zaritzky, Martha Watson, Lloyd Kelly, David Millar, Kristin Cochrane, Michaela Cornell, Neil Erickson, Alan Jones e Ian Murray, junto con los representantes de cuentas que han hecho que cada uno de los libros de la serie *El monje que vendió su Ferrari* llegara a mis muy apreciados lectores.

También quiero dejar constancia de la notable labor de mi editora, Nicole Langlois, que ha estado conmigo desde muy al principio. Ha sido un placer trabajar contigo en todas las ocasiones. Por supuesto, también debo dar las gracias a los clientes de Sharma Leadership International, que me han concedido el privilegio de compartir mis ideas sobre el liderazgo, el rendimiento de élite y el autodominio con sus empleados en calidad de asesor en dirección de empresas, entrenador de ejecutivos y encargado de pronunciar discursos de apertura en reuniones, asambleas, etc. Debería decir, además, que soy muy afortunado por recibir el apoyo de los lectores. Todo lo que hago es por los lectores de mis libros y a todos ellos ofrezco mi agradecimiento más sincero por creer en mí. Gracias por darme la oportunidad de vivir mi destino.

Mi familia me ha alentado desde el primer día. Cuando no tenía nada más que un libro publicado por mí mismo y me encontraba con muchas puertas cerradas, me ofreció una base de inspiración y un apoyo inolvidable. Ha sido para mí una suerte tener los padres que tengo, dos personas cuya sabiduría y amabilidad han influido en mí de una forma que no puede expresarse con palabras. Gracias también a mi hermano Sanjay, que es un ser humano verdaderamente dotado de talento, y a su esposa, Susan, otra persona maravillosa. No podía olvidarme de señalar los dones que sus dos magníficos hijos, Neel y Evan, aportan a mi vida. Gracias en especial a mi novia, Nina, por todo tu amor y las bendiciones que me has dado. Y finalmente, debo dar las gracias a mis dos increíbles hijos, Colby y Bianca, por enseñarme el significado del amor incondicional, la creatividad sin límites y la alegría auténtica. Llenáis mi vida de maravillas y os quiero más de lo que pueden expresar las palabras.

El manantial oculto de tu alma por fuerza ha de brotar y fluir entre murmullos hasta el mar;
Y el tesoro de tus profundidades infinitas se revelaría a tus ojos.
Pero que no haya balanzas para pesar tu tesoro desconocido;
Y no busques las profundidades de tu conocimiento con varilla ni sonda.

Kahlil Gibran,
El profeta

Sepulturero, cuando caves mi sepultura, ¿podrías hacerla poco profunda para que yo pueda sentir la lluvia?

Dave Matthews,
Some Devil

Introducción de Robin Sharma

Tú eres mucho más grande de lo que nunca hayas soñado ser. Y con independencia de lo que estés experimentando en tu vida ahora, confía en que todo es bueno y te beneficiará. Puede que no resulte agradable, pero es exactamente lo que necesitas aprender para crecer y convertirte en la persona que has sido destinada a ser. Todo lo que ocurre en tu vida ha sido orquestado de manera perfecta para inspirar tu máxima evolución como ser humano e introducirte en el potencial verdadero. Aprende de la vida y deja que te lleve a donde estás destinado a ir: lo hace pensando en tu mayor beneficio.

En las páginas de este libro descubrirás muchas respuestas a las cuestiones más importantes de la vida. Rezo para pedir que encuentres muchas verdades y que comprendas bien cómo funciona el mundo y cómo puedes triunfar en él. Pero, en esencia, las respuestas que buscas ya están en lo más hondo de tu corazón. No hay otro lugar donde buscarlas. Sí, mis palabras pueden proporcionarte oportunidades y ayudarte a recordar lo que ya sabes en el fondo de tu corazón. Pero no te quepa duda de que hay en verdad un tesoro de sabiduría, potencial y amor que duerme dentro de ti… y que espera que su parte más valiente lo despierte. ¿No te inspira increíblemente saberlo? *Tú ya eres todo lo que siempre has querido ser.* Sencillamente necesitas hacer la labor interior que se requiere para eliminar los obstáculos que han estado tapando, y negando, tu naturaleza original.

Creo que el propósito de la vida humana es caminar por la senda de este Gran Despertar del Yo y volver a quien fuiste en otro tiempo (y al lugar que conociste en otro tiempo). Creo firmemente que los niños recién nacidos representan la perfección y el estado del ser al que todos tenemos la obligación de volver. Instantes después de nacer no tenías miedo, eras amor puro, inocente, infinitamente sabio, con un potencial sin límites y maravillosamente conectado con la mano invisible que creó el universo. Cuando eras un niño muy pequeño estabas lleno de asombro y eras plenamente sensible a la vida. A decir verdad, en aquel momento estabas casi iluminado (estar iluminado significa ser todo luz: alguien que es todo luz no tiene sombras, ningún lado oscuro, ni temores, ni ira, ni resentimientos y limitaciones).

La mayoría de los que vivimos en el planeta hoy hemos perdido esta conexión con nuestro yo auténtico, ese estado original del ser en el cual no nos daba miedo andar hacia la posibilidad y tratar de coger las estrellas con la mano. *No sabemos quiénes somos.* Nos hemos transformado en personas que se comportan de manera egoísta, temerosa e hiriente. Este comportamiento no es un reflejo de nuestra naturaleza esencial, sino que, en vez de ello, refleja las heridas que hemos sufrido al dejar la inocencia en la que nacimos y hacer el viaje de nuestros días. Solo las personas que sufren dolor pueden hacer cosas dolorosas. Solo las personas que han sido heridas pueden herir a otras. Solo las personas que tienen el corazón cerrado pueden actuar con maneras desprovistas de amor.

Creo que toda la razón por la que vivimos es crecer hasta convertirnos en nuestro yo más grande y *recordar* la verdad sobre quiénes somos fundamentalmente. La vida te apoyará perfectamente en esta búsqueda. Te enviará gente, acontecimientos y pruebas que te invitarán a revelar una parte mayor de tu brillantez y a descubrir más posibilidades tuyas. A menudo tus lecciones no serán fáciles. El sufrimiento siempre ha sido un vehículo para el crecimiento espiritual profundo. Las personas que han soportado grandes sufrimientos son generalmente las que evolucionan hasta convertirse en grandes seres. Las que han sido profundamente heridas por la vida suelen ser las que son capaces de sentir como propio el dolor ajeno. Las que han soportado la adversidad se vuelven humildes por obra de la vida y, en consecuencia, son más abiertas, compasivas y reales. Puede que no nos guste el sufrimiento cuando nos visita, pero nos sirve muy bien: rompe la cáscara que cubre nuestro corazón y nos vacía de las mentiras a las que nos hemos aferrado, las mentiras sobre quiénes somos, por qué estamos aquí y cómo funciona realmente este notable mundo nuestro. Una vez vacíos, se nos puede llenar de nuevo con todo lo que es bueno, noble y verdadero. Las tribulaciones pueden transformar, si optamos por permitírselo. Tal como escribió Joseph Campbell: «Donde tropieces, allí está tu tesoro».

Descubre tu destino es un libro que trata de la recuperación de tu vida más grande. He procurado volcar mi corazón en estas páginas y compartir todo lo que sé sobre el liderazgo personal, el autodescubrimiento y el vivir desde un lugar de autenticidad. Deberías saber que soy muy humano. Todos los días lucho con mis limitaciones, mis temores y lo que yo llamo mis «viejas pautas», esas formas antiguas de comportarme que he aprendido por el camino. Me veo a mí mismo como un trabajo en curso y continuamente me reto a mí mismo a utilizar cada día como una base para evolucionar hacia los niveles superiores de mi vida interior. Circula por ahí el mito de que las personas que escriben libros de esta clase son seres iluminados que se pasan los días inmersos en la felicidad absoluta y la trascendencia, ofreciendo verdades desde la cima de la montaña. En realidad, he aprendido que cada uno de nosotros tiene trabajo que hacer, por mucho que hayamos trabajado en nosotros mismos, por mucho que hayamos evolucionado. Cada uno de nosotros tiene un lado luminoso además de un lado oscuro. Cada uno de nosotros tiene defectos que deben corregirse y heridas internas que piden a gritos que las curen. Cada uno de nosotros tiene un alma escindida (al tratar de conciliar ser espiritual con ser humano). Este estado de imperfeccion es, de hecho, lo que nos hace humanos. Y cuanto más profundizo en mí mismo, más consciente soy de lo poco que sé. Tal como escribí en *El santo, el surfista y el ejecutivo*, «la cima de una montaña es el pie de la siguiente». Al llegar a la cima de la montaña que estamos escalando ahora, adivina lo que vemos. Otros picos que escalar. En esto consiste la vida en la Escuela Tierra: un crecimiento y un aprendizaje sin fin cuyo único propósito (¿o debería decir «propósito del alma»?*) es ayudarnos a recordar y recuperar la grandeza —y la compleción— que por desgracia hemos perdido.

Y aunque tengo mis limitaciones humanas, también te confesaré que he recorrido un largo camino en poco tiempo en lo que se refiere a eliminar los obstáculos que me impedían crecer (y también tú puedes eliminarlos si sigues el proceso extraordinario que se explica en las páginas siguientes). Hace solo unos cuantos años, yo era un abogado litigante que avanzaba rápidamente hacia el éxito mundano y perseguía el dinero, los elogios

---

* Juego de palabras basado en que *sole* (único) y *soul* (alma) se pronuncian igual. (*N. del T.*)

y el materialismo. Vivía la vida desde fuera en lugar de desde dentro (no es extraño que no me diera buenos resultados). Soporté un divorcio muy difícil y ahora crío a mis dos increíbles hijos yo solo. Por el camino sufrí grandes reveses y, a veces, desgracias personales que no parecían tener fin. *Pero lo que más nos hace crecer son nuestros mayores retos.* Me he dado cuenta de que estas experiencias me fueron mandadas para ayudarme a enmendarme y superar mi debilidad. Las mayores penas de la vida son en realidad oportunidades gloriosas de crecimiento personal, transformación positiva y recuperación del potencial auténtico que perdiste al abandonar la perfección de la infancia y entrar en el mundo. Acéptalas como lo que son: dones.

A través de todos los altibajos que me ha mandado este juego increíble (y breve) que es la vida, nunca he renunciado a mi compromiso de aceptar mi responsabilidad en todo lo que ha sucedido y tratar de alcanzar en el proceso mi mayor yo. Creo que gran parte de lo que experimentamos en la vida está escrito de antemano. Pero también creo que, como seres humanos, tenemos una *enorme* posibilidad de escoger y crear las vidas hermosas con las que soñamos. El destino y nuestras decisiones actúan concertadamente para esculpir nuestra vida. Y es en nuestra toma consciente de decisiones donde en esencia se cumple nuestro destino. Olvidar esto es hacerse la víctima. No hacer caso de esta verdad es negar el potencial que se te ha concedido para crear todo lo que quieras.

La senda que he descrito en el presente libro —Las siete Etapas del Autodespertar— refleja el viaje eterno, arquetípico del líder o el héroe. Siguiendo la tradición de los anteriores libros de la serie *El monje que vendió su Ferrari*, los mensajes de este libro se revelan por medio de las aventuras ficticias de Julian Mantle. Pero es importante recordar que son *muy* reales y tienen una fuerza excepcional. El proceso que abarcan las siete etapas se encuentra, bajo diversas formas, en muchos de los textos antiguos de la literatura sapiencial tanto oriental como occidental. Tú eres el héroe o la heroína de tu vida. Si optas por jugar tu mayor partida como ser humano (y sé que así será), esta es la senda que también debes seguir. Recorrerla te *garantiza* éxito auténtico.

La mejor manera de aprender es enseñar. Si realmente quieres poseer este material e integrarlo en su vida, es esencial que se lo enseñes a alguien antes de que transcurran veinticuatro horas desde que termines el libro. Esto cumplirá dos propósitos: en primer lugar, te ayudará a integrar el conocimiento; en segundo lugar, ayudará a los que te rodean a recordar quiénes son realmente *ellos*. Y mientras lees *Descubre tu destino,* habla de lo que estás aprendiendo con tus seres queridos. Comparte sus percepciones. Pon voz a los cambios que te has comprometido a hacer en el avance hacia tu vida mayor. De esta manera tu convicción se hará más honda y generará resultados *que duren.*

Gracias por escoger este libro; espero que te dé todo lo que buscas en él (y mucho más). Te agradezco que me dediques las horas de tu vida que hacen falta para leer esta obra y reflexionar sobre ella. Y te aplaudo sinceramente por dar este paso *gigantesco* hacia el descubrimiento de tu destino. Al leer este libro y otros de la serie *El monje que vendió su Ferrari,* seguirás el ejemplo de mujeres y hombres de todo mundo que han pasado a formar parte de una comunidad. Conversaciones extraordinarias tienen por marco nuestro lugar de reunión, *robinsharma.com,* donde encontrarás herramientas y apoyo en abundancia al andar por la senda de tu destino.

Todos estamos conectados en un nivel invisible. Mientras atiendes a tu curación, ayudas a curar el mundo. Al dejar que reluzca tu brillantez, invitas calladamente a los que te rodean a hacer lo mismo. Al hacer el trabajo que se requiere para que tu vida represente lo más elevado y lo mejor, sirves de modelo para que otros hagan igual. Y como suele decir uno de mis clientes: «Eso es algo hermoso».

Te mando bendiciones inmensas en este viaje llamado vida. Con amor,

Robin Sharma

UNO

Una emergencia espiritual

> La vida no escucha tu lógica; sigue su propio camino, imperturbable. Tú tienes que escuchar a la vida; la vida no quiere escuchar tu lógica, no se preocupa por tu lógica.
>
> Osho

Sentía la frialdad del metal contra la cabeza. ¿Cómo había podido llegar a esto? Me encontraba realmente sentado en una sórdida habitación de un motel con el cañón de una pistola en la sien, dispuesto a apretar el gatillo. El sudor me bañaba la frente y mi corazón latía desenfrenadamente. Las manos me temblaban de forma incontrolable. Nadie sabía dónde estaba. A nadie parecía importarle ya. No tenía nada por lo que vivir, así que me estaba preparando para morir.

Podía ver el titular de mi necrológica en ese mismo momento: «Dar Sandersen, empresario internacional de hostelería, divorciado y padre de tres hijos, muerto a la edad de 44 años... suicidio».

Pero al cerrar los ojos y rezar una última plegaria en voz alta, sucedió algo inesperado; no, milagroso. Empecé a sentirme mareado, caí al suelo y la pistola se me escapó de la mano. Mientras yacía en el suelo, inmóvil, una luz blanca y cegadora comenzó a llenar mi cuerpo. Pero, antes de que descartes mi relato, quiero que sepas que siempre he sido una persona muy sensata y racional. Nada parecido me había sucedido nunca. Siempre me había reído al escuchar historias relacionadas con lo místico, me parecían raras e irresponsables. No hablaba —y sigo sin hablar— con ángeles, ni dirijo mi vida de acuerdo con las posiciones cotidianas de los astros. Pese a ello, no puedo descartar ni negar lo que me sucedió en aquella habitación de un motel hace solo doce meses. ¿Fue una experiencia de lo divino? ¿Fue un despertar espiritual? ¿Fue sencillamente una reacción física al enorme estrés que estaba soportando? No lo sé, sinceramente. Lo que sé es que lo que sucedió allí puso en marcha una serie de acontecimientos que han transformado todos los elementos de la vida que conocí en otro tiempo.

La luz se hizo más y más intensa. Pronto empezó a temblarme todo el cuerpo, como si estuviera sufriendo una convulsión fuerte y repentina. Torrentes de sudor manaban de mis poros mientras las manos, las piernas y el torso temblaban sobre el suelo frío y sucio. Esto continuó durante lo que pareció una eternidad. Luego, como salidas de la nada, oí unas palabras que penetraron hasta lo más hondo de mi ser: «*Tu vida es un tesoro y tú eres mucho más de lo que sabes*».

Y se acabó. Después de que estas palabras pasaran rápidamente por mi cerebro, dejé de temblar. Seguí tumbado en el suelo, en medio de un charco de sudor, con los ojos clavados en el techo. Nunca en la vida había sentido tanta paz interior. Me encontraba completamente en mi cuerpo, plenamente dentro de mi corazón. *La vida es un tesoro y tú eres mucho más de lo que sabes.*

Al cabo de un rato, me levanté poco a poco y metí mis pertenencias en la maleta. Dentro de mí algo había cambiado. Aunque no puedo explicarlo... sencillamente lo *sentía*. Ya no me interesaba quitarme la vida. Quizá la voz tenía razón... tal vez dentro de mí había mucho más de lo que sabía en aquel momento.

Generalmente, cuando nos encontramos ante tiempos difíciles pensamos que vemos el mundo tal como es realmente. Es una suposición falsa. Sencillamente vemos el mundo desde nuestro desesperanzado marco de referencia. Vemos las cosas con ojos tristes y faltos de ilusión. La verdad es que cuando empecemos a sentirnos mejor nuestro mundo también parecerá mejor. Y cuando volvamos a un estado de dicha interior, nuestro mundo exterior nos reflejará ese sentimiento. He aprendido que el mundo es un espejo. *Recibimos de la vida no lo que queremos, sino quienes somos.* También he aprendido que en nuestras vidas hay temporadas y que los tiempos dolorosos nunca duran. *Confía en que el invierno de tu congoja cederá ante el verano de tu alegría, del mismo modo que los rayos brillantes de la mañana siempre siguen a la parte más oscura de la noche.*

Ya no era un caso desesperado que se compadecía de sí mismo. Ya había dejado de no ver salida alguna. Cierto tipo de poder me había sido devuelto aquel día. Y aunque mi vida seguía siendo un desastre, la verdad sea dicha, había comenzado a saber que poseía el poder necesario para mejorarla. Por alguna razón, *confiaba* en que iba a recibir ayuda y que llegarían días más felices. Poco sabía lo maravillosa que sería dicha ayuda y lo bella que sería mi vida. Pero antes de entrar en estos detalles, quizá te estés preguntando qué circunstancias hicieron que mi espíritu cayera en un estado de decadencia tan grande que pude incluso pensar en quitarme la vida.

Hace solo unos años yo pensaba que llevaba la vida con la que todo el mundo soñaba. Tenía una esposa preciosa e inteligente que me amaba profundamente. Tenía tres hijos sanos y felices que sobresalían en todo lo que decidían hacer. Ganaba más dinero del que jamás hubiera podido imaginar, como propietario de una cadena de hoteles de lujo situados en lugares de moda de todo el mundo. Estrellas de cine, gente fabulosamente rica y famosos en general se encontraban entre mis clientes. Viajaba a lugares exóticos, acumulaba numerosos juguetes y llegué a ser bastante conocido, al menos en el ramo en el que trabajaba.

Entonces, un día, todo mi mundo se vino abajo. Llegué a casa tarde después de una cena de negocios con el vendedor de una propiedad que me interesaba comprar. Rachel solía dejar unas cuantas luces encendidas para cuando yo llegara, pero esa noche la casa estaba completamente a oscuras. No tenía sentido, ya que eran solo las diez. ¿Dónde estaba Rachel? ¿Dónde estaban los chicos?

Entré y encendí las luces del vestíbulo y la cocina. Solo me recibió el silencio. Pero sobre la mesa de la cocina había una nota escrita con la conocida letra de Rachel. Decía:

Dar, he llevado a los niños a casa de mi madre. Ya no te amo. Lo siento. Mi abogado te telefoneará por la mañana.

Nada puede prepararte para una carta así... nada. Aunque había fingido que mi matrimonio iba bien, sabía que Rachel y yo nos habíamos distanciado. Todo el tiempo pasado lejos de casa, viajando y haciendo negocios, era tiempo robado a mi matrimonio y mi familia, y el amor que conociéramos en otra época había desaparecido. También había fingido ser un buen padre y, vistas las cosas desde fuera, probablemente lo parecía. Pero mis hijos sabían la verdad. Incluso cuando me encontraba sentado a su lado no estaba realmente allí. Mi pensamiento nunca dejaba los negocios y, desde el punto de vista emocional, no estaba a su disposición. Supongo que la verdad es que en aquel tiempo yo era un hombre extraordinariamente egoísta. Creía que el mundo giraba a mi alrededor. Las necesidades y los sentimientos de los demás no tenían tanta importancia como los míos. Quería ser rico. Quería ser reconocido. Quería ganar. Y ello me hizo perder lo más importante de todo.

La nota de Rachel y el subsiguiente pleito de divorcio me partieron el corazón. Tuve que abandonar mi popio hogar y me instalé en uno de mis hoteles. Podía ver a mis hijos una sola vez a la semana y algún fin de semana de vez en cuando. Empecé a beber mucho y engordé demasiado. Siempre había sido un hombre guapo y que se mantenía en muy buena forma, pero también eso se fue al garete. Por las mañanas me despertaba con tremendos dolores de cabeza que no desaparecían hasta que los ahogaba en alcohol. Por suerte, no perdí mi negocio. Había tenido el acierto de poner al frente del mismo un excelente equipo de profesionales que, por lealtad a mí, se encargaron de dirigirlo mientras yo me lamía las heridas. Desde luego, asistía a algunas reuniones de trabajo y cerraba algún que otro trato. Pero pasaba la mayor parte del tiempo solo en casa, sentado en una habitación a oscuras, escuchando viejas canciones de Billie Holiday y sosteniendo largas conversaciones con Jack Daniels.* Estas fueron las desgracias que acabaron llevándome a aquella sórdida habitación de un motel. Pero deberías saber que fueron también las desgracias a las que debo mi salvación.

He descubierto que el dolor y la adversidad contribuyen en gran medida al crecimiento personal. Nada te ayuda a aprender, a crecer y a evolucionar más rápidamente. Nada te ofrece una oportunidad tan grande de recuperar mayor grado de tu poder auténtico como persona. Nuestros ojos humanos lo ven como

---

* Conocida marca de bourbon, whisky norteamericano. (N. del T.)

una experiencia negativa. Esto no es más que una *opinión* y lo que hay detrás de esta falsa creencia es puro miedo. Verás, el sufrimiento llega cuando sucede algo que no queríamos. Llega cuando la vida nos da algo inesperado, algún nuevo contratiempo. Y la aparición de un nuevo contratiempo, ya sea una enfermedad, la pérdida de un ser querido o un revés económico, significa que debemos cambiar y abandonar lo viejo, las costas a las que nos aferrábamos. Se nos pide que dejemos correr lo que esperábamos y, para un ser humano, dejar correr algo puede ser espantoso. Nos da miedo abandonar el puerto seguro de lo conocido. Nos resistimos a viajar a los lugares desconocidos a los que a veces nos lleva la vida. Basta pensar en ello para sentirnos asustados. Detrás de toda resistencia a lo nuevo hay miedo.

Pero no hay nada que temer. Este universo nuestro es un lugar mucho más agradable de lo que pensamos. Un barco que nunca se aventura a ir más allá de su amarradero nunca correrá peligro, pero los barcos no están hechos para eso. De modo parecido, un ser humano que nunca se atreve a entrar en los espacios desconocidos de su vida jamás sufrirá daño, pero los seres humanos no fueron creados para eso. Fuimos creados para experimentar el crecimiento que se adquiere visitando lugares extranjeros como viajeros por la vida. Nuestros ojos más sabios conocen esta verdad y ven el cambio y el sufrimiento como lo que son en realidad: un médico bondadoso que viene a curar la parte enferma de nuestro yo. El sufrimiento sirve para hacernos más profundos. El sufrimiento viene a ayudarnos y hace que sepamos quiénes somos realmente. El sufrimiento nos abre y nos obliga a dejar correr todo lo que hemos conocido y a lo que nos hemos aferrado, como un niño pequeño que en su primer día de escuela teme soltar la mano de su madre y entrar solo en un aula llena de nuevos amigos donde aprenderá tantas cosas nuevas y hermosas. Lo desconocido es donde existe «lo nuevo» y lo nuevo es el único lugar del mundo donde encontrarás *posibilidad*. Y todo ser humano está programado para correr hacia la posibilidad y el potencial en la vida. Todos fuimos creados para ser grandes. Así que, ¿cómo puedes decir que el sufrimiento es malo cuando es precisamente lo que te hace mejor? Sí, nuestro lado humano siente el dolor que soportamos. Eso es natural. Pero este dolor acabará calmándose y tú serás más rico, más fuerte y más sabio.

«No temas lo desconocido, porque es donde reside tu grandeza», decía un maestro mío muy especial, un maestro de quien vas a aprender muchas cosas. La mayoría de las personas pasan los mejores años de su vida en el lugar de lo conocido. Les falta valor para aventurarse a entrar en territorio extranjero y les da miedo separarse de la multitud. Quieren integrarse y temen sobresalir. Visten como todos los demás, piensan como todos los demás y se comportan como todos los demás, aunque ello les haga sentir que no hacen lo que deberían hacer. Son reacias a escuchar la llamada de su corazón y probar cosas nuevas, y se niegan a abandonar esa costa segura. Así que hacen lo que hace todo el mundo. Y, al hacerlo, sus almas, que otrora eran brillantes, empiezan a oscurecerse y arrugarse. «La muerte es solo una de las muchas maneras de perder la vida», dijo el aventurero Alvah Simon.

Aferrarte a costas seguras en tu vida no es nada más que optar por seguir siendo prisionero de tus temores. Puede existir la ilusión de que eres libre cuando sigues viviendo dentro de la caja en que puede haberse convertido tu vida; pero, créeme, no es más que eso: una ilusión… una mentira que tú te dices a ti mismo. Cuando salgas de la caja en busca de nuevas perspectivas y dejes de seguir a la multitud, los temores aflorarán a la superficie... eres humano. Pero el valor exige que tú sientas estos temores y luego, a pesar de ello, sigas avanzando. *El valor no es la ausencia de miedo, sino la disposición a pasar por tu miedo en pos de una meta que es importante para ti.* Te encuentras entre los muertos vivientes cuando vives en un puerto seguro y te aferras a lo conocido. Vuelves a la vida y tu corazón empieza a latir de nuevo cuando te aventuras a entrar en lo desconocido y a explorar los lugares extranjeros de tu vida. *La aventura y la emoción de vivir vuelven a ti. Recuerda, al otro lado de tus temores descubrirás tu fortuna.*

Voy a ofrecerte una metáfora convincente. Si te has pasado toda la vida en la cárcel, muchos temores saldrán a la superficie el día en que te dejen en libertad. Mientras estabas en la cárcel, aunque no tenías libertad, vivías dentro del reino de lo conocido porque te atenías a una serie de normas rigurosas: sabías cuándo tenías que despertar, sabías cuándo podías hacer ejercicio y sabías exactamente cuándo y qué podías comer. Ahora, aunque ya no estás preso, sientes miedo. No sabes qué hacer ni adónde ir. No hay ninguna estructura, solo incertidumbre. Tu tendencia es volver a lo conocido en lugar de hacer frente a la inseguridad y la dificultad aparentes de lo desconocido. Preferirías ser prisionero a recuperar la libertad. No tiene ningún sentido, pero así es como nos comportamos en la vida la mayoría de nosotros.

He aprendido toda esta filosofía del maestro al que he mencionado brevemente. Este maestro ha sido la mayor influencia en mi vida hasta el momento. La sabiduría y el notable proceso de siete etapas que empezó a compartir conmigo hace poco más de doce meses han revolucionado por completo mi vida. Nunca he sido tan feliz. Nunca me he sentido tan vivo. Nunca me he respetado tanto a mí mismo. He encontrado el amor de mi vida. Mi salud es perfecta. Y mi negocio va viento en popa. Nunca imaginé que la vida pudiera ser tan buena. Lo mismo puede ocurrirte a ti. Los dones que he recibido están también a tu alcance. Desde luego, tendrás que tomar algunas decisiones nuevas y correr algunos riesgos. Desde luego, tendrás que invertir un poco de tiempo y energía para volver a conectar con lo grande y magnífico que había en ti y que puedes haber perdido. Desde luego, quizá tengas que afrontar unos cuantos temores que han hecho que siguieras siendo pequeño, tanto si lo reconocías como si no. Pero con ello despertarás tu yo más elevado y más grande. ¿Y hay algo que pueda ser más importante que eso?

El maestro al que he mencionado es la persona más sabia, más poderosa y más noble que conozco. Es un excéntrico —un ser verdaderamente original— y su forma de actuar es heterodoxa, por no emplear una palabra más fuerte. De hecho, a veces es un poco salvaje. Tú nunca has conocido ni conocerás a alguien como él. Pero está tan dotado en su capacidad de impartir de cierta manera un conocimiento que te cambia la vida, que habla a tu alma y te hace experimentar cambios que abren una vida hermosa para ti. Sus lecciones te serán muy útiles en el intento de descubrir tu destino y vivir la vida maravillosa que te pertenece por derecho natural.

Supongo que las casualidades no existen. Conocí a mi maestro el día después de mi epifanía en la habitación del motel. Aquel día fui a trabajar porque tenía una reunión con mi equipo, y mi director de recursos humanos, Evan Janssen, entró en mi despacho con dos entradas para un seminario motivacional que iba a celebrarse aquella tarde. A Evan le encantaban esas cosas y era un ferviente partidario del movimiento del crecimiento personal. Yo, en cambio, era escéptico.

Si quieres que te diga la verdad, los oradores motivacionales no me gustan ni pizca. Siempre me han parecido como el algodón de azúcar, que es dulce durante unos momentos, pero pronto descubres que no dura nada.

El hijo pequeño de Evan daba su primer recital de piano aquella noche, así que Evan no podía asistir al seminario. Quería que yo fuese. Pensaba que me levantaría el ánimo y tal vez me inspiraría, me induciría a hacer los cambios en mi vida que Evan sabía que necesitaba para volver a la normalidad, no solo en el terreno profesional, sino también en el personal. Le dije que no quería ir y que no me sentía capaz de soportar los aforismos trillados y las homilías llenas de tópicos que suelen recitar los motivadores. Le comenté que seguía luchando con un montón de cosas y que me parecía que lo mejor era estar solo aquella noche. Entonces sucedió algo interesante. Mi colega, que es un hombre muy intuitivo, me miró a los ojos, hondamente, y dijo: «Dar, confía en mí esta vez. Tengo la sensación de que hay un motivo por el cual necesitas asistir a este seminario. Es solo una sensación, algo instintivo. Ve, *por favor*».

Siempre he sido un hombre que vivía principalmente en la cabeza. Lo que me impulsaba era la razón y no la pasión. Si algo no tenía sentido en un nivel intelectual, solía desecharlo. Pero había sido así siempre y mi vida seguía sin ir bien. Me gustaba la definición de la locura que hizo Einstein: «Hacer las mismas cosas y esperar resultados diferentes». Sabía que si quería resultados nuevos en mi vida, tenía que comportarme de una manera *nueva*. De lo contrario, mi vida seguiría siendo igual, hasta que muriese.

En lo más hondo de mí algo me decía que tal vez había otra forma de actuar como ser humano. Poco antes había leído por primera vez un libro de filosofía. No sé qué me empujó a leerlo, pero lo leí. El dolor que me atormentaba era tan grande que quizá estaba dispuesto a buscar la salvación en cualquier parte.

La verdad es que en nuestras épocas más sombrías estamos dispuestos a ahondar al máximo. Cuando la vida es buena vivimos de manera superficial; no somos muy dados a reflexionar. Pero cuando el mar empieza a agitarse salimos de nosotros mismos y nos preguntamos por qué las cosas se han desarrollado de esta forma. La adversidad tiende a hacernos más filosóficos. Durante los tiempos difíciles empezamos a hacernos las grandes preguntas sobre la vida, tales como por qué existe el sufrimiento, por qué los planes que hemos trazado con el mayor cuidado no dan los resultados que esperábamos, y si lo que gobierna la vida es la mano silenciosa de la casualidad o el puño poderoso de la elección.

El autor del libro que leí escribió que la mente es limitada mientras que el corazón no tiene límites. La mente puede ser cruel, hacer que pases los mejores años de tu vida viviendo en el pasado o que desaproveches el presente preocupándote por cosas que nunca sucederán. La mente anhela poder *externo,* el tipo de poder que se basa en cosas mundanas en vez de espirituales, en cosas tales como el dinero, la posición social y los bienes. El problema del poder externo estriba en que es fugaz: cuando pierdes el dinero, la posición social y los bienes, pierdes el poder. Si has atado tu identidad a estas cosas, también perderás el sentido de quién eres cuando se desvanezcan. El único poder que vale algo es el poder auténtico: el que sale de dentro.

El corazón, según el libro citado, no tiene ningún deseo de ir detrás de estas cosas sin importancia. El corazón vive en el momento presente, a sabiendas de que es donde debe vivirse la vida. El corazón se preocupa por curarse y alcanzar la compleción, el amor, la compasión y el servicio a otros seres humanos. Es consciente de que cada uno de nosotros está conectado en un nivel invisible, que todos somos hermanos y hermanas de la misma familia y que la felicidad nace de dar y apoyar el crecimiento de los demás para que se conviertan en su yo más grande. «Renuncia a la gota, conviértete en el océano», dijo el brillante poeta sufí Rumi. El corazón conoce esta verdad. Sí, la mente, con toda su capacidad de razonar y reflexionar, es un gran *instrumento* que el corazón debería utilizar para apoyar su labor, un instrumento que puede usarse para cosas como trazar planes, aprender y pensar. Pero estas funciones deben hacerse de concierto con el corazón y bajo su guía. El libro me informó de que la cabeza y el corazón deben forjar una *asociación* para toda la vida si se quiere vivir una vida bella. Deben trabajar en *armonía*. Vive completamente en la cabeza y no podrás *sentir* el aliento y el ritmo de la vida. Vive completamente en el corazón y puede que te comportes como un tonto enamorado, con una capacidad de juicio deficiente y ninguna disciplina. Todo consiste en un equilibrio delicado, un equilibrio que requiere tiempo, energía y comprensión para ir bien.

Allí de pie, mientras Evan esperaba pacientemente, me sentí atraído a explorar algo nuevo. Después de prestar atención durante un momento a lo que estaba sucediendo debajo de la superficie, decidí liberarme de las limitaciones de la razón durante un tiempo y confiar en mis sentimientos más hondos. Accedí a ir y cogí las entradas.

Evan se acercó y me dio un abrazo.

—Te queremos, ¿sabes?

No dije nada mientras me embargaba la emoción al oír esta afirmación de profunda amabilidad de mi colega de tanto tiempo. Brotaron lágrimas de mis ojos, en parte a causa de la tristeza que me causaba el modo en que se había desarrollado mi vida últimamente y en parte a causa del amor incondicional que acababa de darme otro ser humano.

—Gracias, Evan —contesté—. Eres un hombre bueno. Te aprecio.

—Confía en mí, Dar, este seminario va a ser realmente importante para ti. ¿Y quién sabe a quién encontrarás allí?

Poco sabía yo que estaba a punto de conocer al hombre que me llevaría a mi vida más grande.

DOS

El buscador conoce a un maestro

> No dejaremos de explorar y al final de todas nuestras exploraciones llegaremos al punto de partida y por primera vez conoceremos el lugar.
>
> T. S. Eliot

Aquella noche me encontré sentado en un auditorio con otras cinco mil personas que buscaban respuestas a las grandes preguntas de la vida. De los altavoces salía una atronadora música de rock al tiempo que una luz deslumbrante iluminaba el a no ser por ella oscuro y cavernoso auditorio. Había en él una energía palpable. Entonces salió el orador. Era guapo, perspicuo y sumamente carismático. Hablaba con elocuencia y retuvo la atención embelesada de los presentes durante cerca de dos horas mientras nos conducía por un torbellino emocional que nos hacía reír, llorar y pensar en por qué vivíamos como vivíamos y cómo cada uno de nosotros podía hacer que las cosas fuesen mejores. Habló de su infancia y de cómo se hizo hombre sin un padre. Nos contó su roce con el cáncer y cómo le ayudó a conectar con las cosas de la vida que eran más sencillas pero comúnmente se pasaban por alto. Y nos hizo reír con algunas de sus observaciones, por ejemplo «lo único que podéis esperar en la vida es lo inesperado» y «si queréis hacer reír a Dios, contadle vuestros planes». También aprecié su humildad. Dijo que no era un gurú, sino sencillamente un estudioso de la vida y afirmó en broma que sus plegarias matutinas incluían esta petición: «Dios, te ruego que me ayudes a convertirme en la persona que mi perro piensa que soy».

—*Vuestras heridas deben transformarse en vuestra sabiduría* —repitió durante todo el acto—. Vuestros obstáculos pueden convertirse en vuestros trampolines *si vosotros queréis*. No dejéis escapar la notable oportunidad que la adversidad e incluso la tragedia os ofrecen. *Las cosas que os parten el corazón pueden hacer que vuestra vida sea todavía mejor.*

Al concluir, el orador tenía hechizados a todos sus oyentes. Reinaba un silencio absoluto y todos estábamos pendientes de cada una de sus palabras. Terminó el acto con la siguiente afirmación: «La mayoría de las personas no descubren cómo hay que vivir hasta que llega el momento de morir... y eso es una lástima. La mayoría de las personas pasan los mejores años de su vida viendo la televisión en una parcela. La mayoría de las personas mueren a los veinte años y son enterradas a los ochenta. *Por favor*, no dejéis que eso os pase a vosotros».

El orador abandonó el escenario después de que los presentes se pusieran de pie para dedicarle una estruendosa ovación. Permanecí sentado en silencio mientras una pregunta tras otra surgía en mi mente: «¿Por qué me sentía tan vacío en la vida?». Por mucho dinero que ganase, por grande que fuera mi éxito, seguía sintiéndome igual. También me pregunté si la carrera que había elegido era la que tenía que hacer o si había alguna otra cosa que estuviera destinada a ser «la obra de toda mi vida». Asimismo, me pregunté si encontraría amor verdadero en mi vida y si realmente podían existir almas gemelas. Encontré interesante que empezaran a surgir tantas preguntas después de haberme tomado solo un poquito de tiempo para permanecer callado e inmóvil.

Continué ahondando y surgieron más preguntas: ¿Podía elegir el rumbo que seguiría mi vida o estaba todo determinado de antemano de acuerdo con un gran plan general? Si podía elegir, ¿qué me impedía dar los pasos necesarios para mejorar las cosas? ¿Había verdaderamente una vida mejor esperándome en alguna parte o eran solo castillos en el aire? También me pregunté si todo lo que había ocurrido entre Rachel y yo lo había orquestado alguna fuerza invisible de la naturaleza o si la forma en que nos fueron las cosas no fue más que un reflejo de mis decisiones personales: anteponer el negocio a la familia, dar prioridad a mis necesidades, hacer lo que quisiera hacer en lugar de ser generoso, compasivo y atento. Cerré los ojos y pensé en estas preguntas importantes. Luego hice algo que no había hecho nunca hasta entonces: empecé a rezar para pedir respuestas.

Al cabo de solo unos minutos oí que alguien me llamaba. Miré a mi alrededor, pero no vi a nadie a quien reconociera. Dada la experiencia traumática de la noche anterior, me pregunté si estaría volviéndome loco. Solo veinticuatro horas antes había experimentado cómo una luz blanca invadía mi cuerpo y había recibido el mensaje que decía *«La vida es un tesoro y tú eres mucho más de lo que sabes»*, y ahora estaba oyendo mi nombre pronunciado en voz alta en un auditorio semivacío después de un inolvidable seminario motivacional. Cerré los ojos una vez más… ¡y alguien volvió a llamarme! Abrí rápidamente los ojos y miré a mi alrededor, pero de nuevo no pude ver ninguna cara conocida. Esta vez, sin embargo, vi una pista extraña pero inconfundible en el asiento de al lado: un sobre blanco e impoluto con mi nombre escrito a mano, con letra roja y elegante. El sobre estaba cerrado. Lo rasgué para abrirlo y leí las palabras que aparecían en la hoja que había dentro: «Deja de vivir tu vida como una mentira, Dar. Sé fiel a ti mismo y tu destino llamará a tu puerta. Te espero entre bastidores. Bonita camisa, por cierto... Me gustan las rayas, muy a la moda».

¿Qué estaba pasando? Evan me había dicho que algo importante sucedería en el acto motivacional, pero lo de ahora lindaba con lo surreal. El corazón se me disparó y me pregunté si se trataba de una broma pesada o, quizá, si algo me atraía hacia una situación peligrosa. Pero el orador motivacional había despertado algo dentro de mí, como si hubiera plantado unas semillas que ya empezaran a germinar. Una palabra acudió rápidamente a mi cerebro: *confianza*. Recogí mis notas y las guardé en mi cartera Gucci. Luego me levanté y, no sin cierta reserva, me acerqué al borde del escenario desde el cual el orador había pronunciado su discurso motivacional. Me acerqué al telón que quedaba cerca del borde y me colé por una abertura entre sus pliegues.

Había mucha actividad entre bastidores. No vi al orador, pero los técnicos audiovisuales estaban trabajando con ahínco, guardando los aparatos en cajas de aluminio. Nadie pareció reparar en mi presencia. Mientras daba vueltas entre bastidores, una puerta se abrió lentamente y una luz intensa salió por ella e iluminó el lugar, que se hallaba casi en penumbra. Me dio la sensación de que la luz me guiaba hacia la puerta, aunque parezca extraño. Sentí como si literalmente algo *tirase* de mí en dirección a la puerta; al cruzarla, me encontré en un pasillo. El corazón me latía con fuerza y tenía un nudo en el estómago a causa de la ansiedad. Eché a andar por el pasillo, temblando, lleno de incertidumbre. Pero también sentía una confianza que nunca había experimentado y que me decía que no debía preocuparme.

El pasillo conducía hasta una puerta roja en la que no había nada salvo una estrella de plata. Supuse que era el camerino que utilizaban las estrellas que actuaban en el auditorio. Llamé tres veces a la puerta. Nadie contestó. Volví a llamar, con más fuerza. Tampoco hubo respuesta. Esperé unos momentos y luego pensé que tal vez estaba perdiendo el tiempo. La nota del sobre decía que fuera al espacio situado entre bastidores, pero allí no había nadie. Todo aquello no tenía ningún sentido. Me sentía cansado y necesitaba mucho dormir un poco. Habían sido dos días muy agitados y una taza de té caliente tal vez tranquilizaría mis nervios, que estaban hechos polvo.

Me disponía a dar media vuelta para irme cuando la puerta se abrió, como por arte de magia. No pude ver a nadie detrás de ella, pero continuó abriéndose. Al entrar en la habitación, lo que vi me dejó *aturdido*. Había pétalos de rosa esparcidos por el suelo. Ante mí se encontraba una figura alta que llevaba una túnica de color escarlata, como las de los monjes del Nepal. Estaba de espaldas a mí e inmóvil. Me llamaron la atención los intrincados bordados que había en la espalda de la túnica. Eran preciosos, llenos de color. Por alguna razón, empecé a tranquilizarme y suspiré. Tuve la sensación, no me preguntes por qué, de estar en presencia de un amigo.

Con gesto lento y dramático, la figura se volvió hacia mí y me miró directamente a los ojos. Pareció tocar mi alma con su impresionante mirada. En toda mi vida jamás me he encontrado con alguien que irradiase tanto poder. Su aspecto era juvenil, bronceado, tenía los cabellos negros y espesos y parecía encontrarse en una soberbia forma física; me hizo pensar en un dios griego de la antigüedad o, quizá, en un astro de Hollywood. ¡Y sus ojos! Jamás olvidaré aquellos ojos. Eran los ojos más penetrantes y notables que nunca haya visto.

¿Quién era aquel hombre? ¿Por qué me miraba fijamente? ¿Por qué no me daba miedo? No sabía qué hacer y me quedé inmóvil, sobrecogido por la experiencia. La habitación permaneció sumida en el silencio y el desconocido no se movió ni mostró ninguna expresión. Luego su boca dibujó una dulce sonrisa y sus ojos empezaron a brillar como los de un niño. Habló en un tono de voz que reflejaba confianza en sí mismo.

—Solo tú puedes descubrir tu destino, Dar. Solo tú puedes conocer la senda que se ha trazado para ti, la senda que tu corazón te pide que recorras. Pero tener un guía hará que el viaje sea más fácil... todos necesitamos un buen guía que nos ayude a alcanzar nuestra vida más grande. Los sabios del zen dicen que cuando el estudiante esté preparado, aparecerá el maestro. Puede que esta frase ya esté muy gastada, pero da la casualidad de que es verdad. Estoy tan contento al ver que has confiado en tus instintos y has venido aquí esta noche. No tienes por qué sentir miedo. Sé lo que te ha pasado. Sé de tu pérdida. Sé de tus sufrimientos. Sé de tu confusión. También sé algo de tus anhelos.

—¿Mis anhelos? ¿Qué quieres decir? —pregunté en voz baja.

—Eres un buscador, como lo son hoy tantos otros en el planeta. El mundo se está transformando porque personas que en otro tiempo estaban dispuestas a llevar una vida normal y corriente ahora salen de su medio natural para explorar la jungla de lo extraordinario. Las personas ya no se conforman con estar medio vivas, divorciadas de su potencial auténtico. ¡Quieren vivir en la grandeza y remontarse entre las nubes, caminar entre los gigantes, bailar con las estrellas! —Su enérgica voz se alzó apasionadamente y llenó la pequeña habitación. Empezó a reír. ¡Qué risa tan sincera y contagiosa!

—Perdóname, Dar; me estoy exaltando. Es solo que me apasiona tanto lo que sucede en el mundo hoy. Millones y millones de personas defienden una vida mejor. Tantas personas se niegan a hacer de víctima y, en lugar de ello, optan por hacer de vencedor. Tantas personas ahondan en sí mismas para encontrar y superar sus temores. En todo el globo se abren corazones y las personas recuperan las cosas brillantes y maravillosas de sí mismas que perdieron al dejar de ser niños y convertirse en adultos. Es una época extraordinaria para los que vivimos en ella. Todo el mundo se está convirtiendo en un lugar mejor. De hecho, nunca ha habido una época mejor para ser una criatura humana.

—A mí no me lo parece —comenté al salir a la superficie el escéptico que llevo dentro—. Hay guerras, hambrunas, delincuencia. Nuestro medio ambiente es un desastre. No me interpretes mal, no soy el tipo con mayor conciencia social que existe, pero hasta yo puedo ver que el mundo es un lugar muy inseguro y turbulento.

—Muy cierto —respondió el hombre con humildad, como si no tuviera nada que probarme, como si su ego no necesitara parecer que tenía razón—. Todavía hay muchas tinieblas en el mundo. Pero, confía en mí, también hay en él más luz que nunca. Tantas personas se han dado cuenta de que puedes maldecir las tinieblas o puedes tener el valor de encender una vela. En eso consiste el liderazgo como ser humano... en encender velas en medio de las tinieblas. Las tinieblas solo existen cuando la luz está ausente. Y se están encendiendo velas en todo el planeta, hablando en sentido metafórico. Avanzamos hacia una masa crítica, un punto decisivo en el que se producirá un cambio masivo. No está tan lejos. Cuando un número suficiente de personas se den cuenta de quiénes son realmente y recuperen su potencial más elevado, habrá un salto cuántico. Todo este mundo será un lugar precioso para estar en él... El Cielo en la Tierra.

—¿El Cielo en la Tierra? ¿Un salto cuántico?

—Sí. Habrá un salto cuántico en el número de personas que andarán por la senda que lleva a la autenticidad... una senda que significa vivir la vida de acuerdo con tus propias condiciones, con tus valores más profundos y tus ideales más altos. Es una senda que significa vivir con el corazón abierto de par en par y una mente bien desarrollada. Es una senda que consiste en hacer frente a tus temores y a las cosas que hacen que sigas siendo pequeño para que tu grandeza pueda brillar. ¡Es estupendo, chico! —dijo el desconocido, guiñándome un ojo.

—Habrá un salto cuántico en el número de personas que estarán dispuestas a curar sus lados sombríos y no hacer nunca nada que haga daño o limite a otra persona. Habrá un salto cuántico en el número de personas que se negarán a llevar una vida que no sea noble, buena y valerosa. Habrá un salto cuántico en el número de personas que asumirán un *liderazgo* auténtico sobre su vida. Habrá un salto cuántico en el número de personas que se convertirán en buscadores, justamente igual que tú, Dar, personas que buscarán la felicidad, la paz interior y una vida llena de sentido profundo. Se está produciendo un enorme cambio evolutivo para la humanidad. Toda la especie está cambiando. Nos negamos a aceptar cualquier cosa que no llegue a la grandeza personal —agregó, lleno de entusiasmo.

—¿Qué quieres decir con «cambio evolutivo»?

—Gracias por preguntármelo. No hay preguntas tontas en esta importante conversación, ¿sabes? La mayor parte de nuestra evolución, como seres humanos, hasta la fecha se ha caracterizado por la concentración en lo físico, lo externo. Hasta ahora todo ha tenido que ver con la acumulación y el acaparamiento.

El valor dominante ha sido «gana el que tiene más»... el que tiene más fama, el que tiene la mayor fortuna, el que ejerce más poder sobre los demás. Y dado este valor, «la ley del más fuerte» se ha convertido en lo más importante. Todo consiste en competir porque hemos llegado a creer que no hay suficiente para que gane todo el mundo. Pero esta filosofía ya no nos sirve como raza. Es una filosofía nacida de la escasez. Y detrás de esta idea de escasez hay miedo puro y simple. Dado que nuestras intenciones y lo que pensamos crean lo que vemos en nuestro mundo exterior, lo único que vemos es carencia... nunca hay suficiente para nosotros. Y así empieza el ciclo, nunca experimentamos la sensación de tener suficiente y nunca somos felices.

—Fascinante. Nunca he oído nada parecido —comenté sentándome en una silla del camerino. El desconocido permaneció de pie con las manos cogidas a la espalda.

—Eso es lo que quiero decir al hablar de «cambio evolutivo»: muchos seres humanos del planeta están dejando de concentrarse en lo físico y prestando mucha más atención a lo espiritual. Estamos pasando de la independencia, donde todo se refiere a «yo, yo, yo», a la apreciación de la importancia primordial de la «interdependencia». Muchos hemos tomado conciencia de que todos somos parte de la misma familia. Los más evolucionados entre nosotros en el mundo de hoy, los *auténticos* líderes (y al decir líderes no me refiero necesariamente a directores de grandes empresas, presidentes y generales del ejército, sino a todos los hombres y mujeres que se han negado a seguir a la multitud) se han dado cuenta de que, en el nivel más profundo, estamos todos conectados. Saben que cuando haces daño a otra persona en realidad te haces daño a ti mismo. Saben que cuando ayudas a otra persona en realidad te ayudas a ti mismo. Esto se ve ahora incluso en la ciencia más avanzada, que confirma empíricamente lo que los místicos vienen diciendo desde hace miles de años. Los físicos cuánticos han descubierto que el universo es un sistema asombrosamente interconectado donde todo está relacionado con todo lo demás y todo afecta a todo. El poeta inglés John Donne dijo la verdad cuando escribió: «Ningún hombre es una isla, totalmente de sí mismo; cada hombre es una parte del continente, una parte del territorio... la muerte de cualquier hombre me disminuye, porque soy parte de la humanidad; y, por lo tanto, nunca preguntes por quién dobla la campana; dobla por ti».

—Esto es muy interesante —repliqué, verdaderamente cautivado por la información nueva que estaba recibiendo.

—Somos tantos los que hemos pasado de concentrarnos en la búsqueda de lo externo a un viaje a lo interno. Para muchos, el viaje humano se ha convertido en un viaje interior. Nos hemos dado cuenta de que la puerta del éxito duradero no gira hacia fuera, se abre hacia dentro. *Los tesoros más grandes son los tesoros que se encuentran dentro.* Nosotros, como especie, empezamos ahora a pensar mucho más en las necesidades de nuestras almas y dedicamos más tiempo a actividades como el crecimiento personal, somos más cariñosos y compasivos y dejamos un legado. *El éxito es importante pero la trascendencia es todavía mejor.* Echa una ojeada a las listas de los libros más vendidos en todo el mundo... encontrarás tantos que tratan de la búsqueda de autoconocimiento y libertad personal. En todo el planeta las masas formulan las grandes preguntas de la vida, tales como «¿por qué estoy aquí?» y «¿cuál es mi destino?». Y, como digo, cuanto más cambia la gente, más cambiará el mundo entero. Es un proceso muy hermoso el que tiene lugar en estos momentos, y es realmente una época exquisita para vivir.

—Eso es muy inspirador —comenté, sintiéndome todavía más tranquilo y absorbiendo por completo lo que oía. Extendí los brazos.

—No me interpretes mal —dijo el monje—. No hay nada malo en ganar dinero, tener cosas bonitas y vivir una vida bella desde el punto de vista físico. Somos seres espirituales que tienen una experiencia humana y la vida puede hacerse mejor por medio del disfrute de las cosas maravillosas que los seres humanos han creado. El dinero hace que la vida resulte más fácil y proporciona mucha libertad. Quien te diga lo contrario probablemente padece el Síndrome del Avestruz.

—¿Eso qué es?

—Demasiadas personas evitan hacer frente a la verdad. Resulta más fácil enterrar la cabeza en la arena como un avestruz que enfrentarte con tus resistencias a la verdad. Y la verdad del asunto es que no tiene absolutamente nada de malo ganar dinero y poseer cosas hermosas. ¿A quién, si se puede saber, se le ocurrió la estúpida idea de que no se pueden tener cosas bonitas y al mismo tiempo ser espiritual, bueno y evolucionado? Tener una casa preciosa. Conducir un buen coche. Viajar a lugares exóticos. Vestir ropa elegante. *No* estoy sugiriéndote que no experimentes y disfrutes de estos placeres mundanos. Al fin y al cabo, fueron creados por la misma fuerza oculta que creó los arroyos, las montañas y los árboles. Pero recuerda que la belleza es solo superficial. Estas cosas no deben ser lo que te impulse. No bases en ellas tu identidad y tu autoestima. Has de saber que no durarán. Es más bien una cuestión de prioridades... no hagas que la acumulación de estas cosas externas sea tu mayor prioridad. Llegamos al mundo sin nada y nos vamos de él sin nada. Nunca he visto un camión de mudanzas siguiendo un coche fúnebre al cementerio. Eso es lo más importante que debes recordar. *Puedes tener tus cosas bellas pero no seas prisionero de ellas. Sé dueño de ellas, pero no dejes que se adueñen de ti. Haz que el objetivo principal de tu vida sean cosas mucho más importantes tales como el descubrimiento de tu potencial más elevado, darte a los demás e influir viviendo para algo más importante que para ti mismo. El éxito está bien, pero la trascendencia es lo que importa de verdad* —insistió.

Toda la sabiduría de aquel hombre era exactamente lo que yo necesitaba oír en aquella coyuntura de mi vida. Tal vez yo era realmente el estudiante y tal vez había llegado finalmente a un lugar donde estaba preparado para aprender y ahora aparecía el maestro. Quizá nada de lo que había experimentado en la vida hasta entonces había sido inútil. Quizá todo estaba escrito... todo había servido para prepararme para aquel momento. Evan, mi director de recursos humanos era un hombre muy espiritual y solía decir «todo está bien en el universo» cuando algo no salía como estaba previsto. Siempre que le ocurría algo en el trabajo o en la vida privada, fuera lo que fuese, decía que estaba «todo bien», aunque fuera algo doloroso. Yo empezaba a tener la sensación de que Evan decía la verdad. Quizá realmente no existían las casualidades y las complicaciones de nuestra vida sucedían de acuerdo con una inteligencia sutil pero perfecta que nosotros no podíamos comprender, por más que lo intentáramos.

—Espero que no te importe que te lo pregunte, pero ¿quién eres? —dije, haciendo acopio de valor y esperando no ofender, de ninguna forma, a aquel hombre extraño pero inolvidable que estaba compartiendo su profunda sabiduría conmigo.

—Me llamo Julian Mantle y he venido para ser tu guía. Estoy aquí para ayudarte a descubrir tu destino —fue su sencilla respuesta.

Entonces metió la mano en un amplio bolsillo de seda cosido a su túnica y extrajo un plátano. Como lo oyes. ¡Un plátano! Lo peló y empezó a comérselo con cara de satisfacción.

—¿Quieres uno? —preguntó, generoso—. Tengo otro en la mochila —agregó señalando una vieja bolsa de lona que había en un rincón—. Los plátanos son un combustible excelente para el cuerpo. El cuerpo debe nutrirse solo con los mejores alimentos si quieres que rinda al máximo.

Se me disparó el cerebro y apenas oí lo que dijo. ¡Julian Mantle! ¡Increíble! Yo sabía quién era Julian Mantle. *Toda la gente* a la que conocía había oído el nombre de Julian Mantle. No pude contener la excitación.

—¡Julian Mantle! ¿El monje que vendió su Ferrari? ¿Lo dices en serio?

Toda la escena parecía surreal: el monje que tenía delante, las palabras sabias que me había ofrecido, verle comerse un plátano. Era como tener una experiencia extracorpórea, como si estuviese contemplando la escena desde lo alto. Ayer estuve a punto de pegarme un tiro. Hoy me encuentro entre bastidores después de un seminario motivacional con un monje excéntrico que me está hablando de las virtudes de comer plátanos y está compartiendo sus pensamientos sobre la transformación espiritual que se está produciendo en todo el planeta. Sencillamente increíble.

Había oído hablar con regularidad de Julian desde que era joven. Mi padre era un abogado litigante que trabajaba en uno de los bufetes más importantes de la ciudad y me entretenía constantemente con historias sobre «el gran Julian Mantle». Julian era uno de los mejores abogados del país y un hombre que era conocido en todas partes no solo por su gran talento jurídico, sino también porque vivía a todo tren, como la jet-set. Julian

Mantle era una superestrella en el sentido más auténtico de la palabra. Tenía todo lo que un ser humano podía desear. Pero lo tiró todo.

Julian había sacado su título en la Harvard Law School y estaba destinado a triunfar en la vida. Era un «chico de oro» y parecía imparable: le encargaban los casos más importantes, tenía los mejores clientes y ganaba un pleito tras otro. Gracias a ello ganó más dinero del que mi padre jamás imaginó que pudiera ganar un abogado y recibía más publicidad en un mes que la mayoría de los abogados en toda su carrera. Papá decía que Julian salía con las mujeres más hermosas de la ciudad, la mayoría de ellas modelos de alta costura, y todas le querían por su desbordante personalidad y su encanto de pícaro. Cuando yo era más joven mi padre me llevaba en coche a la zona más elegante de la ciudad y me enseñaba la gran mansión donde vivía Julian, a pocas puertas de distancia del domicilio de una de las estrellas de rock más famosas del mundo. Julian parecía vivir a tope y tenerlo todo. Hasta tenía un Ferrari de color rojo brillante que solía aparcar en medio de la calzada de su jardín. Aún recuerdo cómo me gustaba contemplar el coche cuando era un crío. Hubiese dado cualquier cosa por ir en él. Papá decía que era el bien más preciado de Julian.

Y entonces algo le sucedió a Julian, según mi padre. Empezó a ir cuesta abajo. Aumentó de peso y empezó a fumar demasiado. Comenzó a arriesgarse demasiado y perdió demasiados pleitos. Yo no estaba realmente seguro de la causa de aquella ruina, pero fue la caída en desgracia más espectacular que habíamos visto en la vida. Supongo que cuanto más alto llegas, más fuerte es la caída. Y entonces, un día, en una sala de tribunal abarrotada de gente, durante un juicio del que se estaba hablando mucho, Julian se desplomó, al parecer a causa de un ataque al corazón. Mi padre me dijo que fue el momento determinante en la vida de Julian Mantle, el momento crítico. He aprendido que la forma en que afrontamos los momentos críticos de la vida influye mucho en cómo será nuestra vida en lo sucesivo. Lo que Julian hizo a continuación alteró para siempre el rumbo de su vida.

Después de varios meses de recuperación, Julian dejó de ejercer de abogado y se fue del país. Vendió su mansión. Vendió sus bienes. Hasta vendió su preciado Ferrari y se fue a la India, esa tierra exótica de un millón de aventuras y sabiduría eterna. Me imagino que buscaba algunas respuestas y que la India parecía ofrecerle cierta promesa de encontrarlas. Nadie tuvo noticias de Julian durante mucho tiempo. Muchos le dieron por muerto.

Hace varios meses leí en un periódico un artículo de primera plana cuyo titular rezaba: *«Julian Mantle: El monje que vendió su Ferrari. La cruzada por mejorar el mundo de un hombre solo»*. El artículo revelaba que Julian Mantle había experimentado una notable transformación durante su estancia en la India. En las alturas del Himalaya había descubierto un grupo de monjes poco conocidos. Habían compartido con él una filosofía antigua y profunda para la transformación personal y para vivir la vida más grande. La sabiduría extraordinaria que aprendió de los monjes había hecho que Julian experimentase cambios inmensos, y maravillosos, en su vida. En el plano físico, volvió a crearse hasta el punto de aparentar muchos menos años de los que tenía en realidad e irradiar una vitalidad que era verdaderamente excepcional. En el plano intelectual, accedió a las verdades más universales sobre las que se edifica una vida rica y llena de sentido y las integró en su visión del mundo, encontrando con ello la paz interior. En el plano emocional, tomó conciencia de muchas de las heridas que había sufrido durante su infancia y que seguían gobernando su vida de adulto e impidiéndole experimentar las alegrías que cada uno de nosotros merece experimentar diariamente. Esto le permitió liberarse de gran parte de la ira que había llevado consigo durante la vida y que le había afectado física y psíquicamente. Pudo curar las heridas del pasado. En el plano espiritual, tuvo acceso a sus valores más profundos y volvió a conectarse con su yo más elevado. Julian se quitó la máscara social que había llevado durante toda la vida, se volvió auténtico y ahora vivía de acuerdo con *sus* propias condiciones, *sus* valores más elevados y los dictados de *su* corazón. Dejó de vivir para complacer a los demás y dejó de preocuparse por quedar bien ante el mundo. Se negaba a seguir a la multitud y traicionarse a sí mismo, de la forma que fuese. Lo único que le importaba ahora era *ser real y hacer el bien*. «Julian Mantle ha descubierto su destino y esto le ha hecho un hombre muy feliz», recuerdo que afirmaba el artículo.

El artículo también decía que Julian se había impuesto como misión principal volver a Occidente y ayudar a tantas personas como pudiera a vivir su mejor vida y acceder a la plenitud de su potencial. Decía que Julian, vestido con su túnica roja, se había presentado en distintos lugares y había ayudado a algunos de sus viejos amigos, parientes y desconocidos a recuperar su grandeza personal y llevar una vida mucho más feliz, más sana y más plena. El periodista escribió que la labor de Julian estaba causando mucho revuelo y añadió que en todo el país se estaban organizando expediciones para buscarle. Julian se había convertido en una especie de héroe popular y a su alrededor había empezado a formarse una mística. Pero Julian era notablemente elusivo: ninguna de las personas que le buscaban activamente había logrado encontrarle. El artículo no contenía ninguna entrevista con él, pero mucha gente había empezado a llamarle el «gurú reacio». La historia de la vida de Julian hubiera servido para hacer una película fabulosa en esta época en que tantas personas pasamos hambre espiritual.

—¿De veras eres Julian Mantle? —pregunté, sin acabar de creérmelo—. ¿Por qué viniste a buscarme? Mi padre solía hablarme de ti. Era colega tuyo, ¿sabes?

—Sé *exactamente* quién es tu padre —respondió con dulzura—. Era amigo mío, y valoro enormemente mis amistades. Tu padre me habló mucho de ti, y hace poco supe lo que le había pasado a tu familia. He venido para servir. Los líderes que sirven son los más poderosos de todos, ¿sabes?

—No lo sabía —respondí.

—*Las cosas nunca son tan malas como parecen. Las situaciones que nos causan penas son las mismas que nos hacen ver la fuerza, el poder y la sabiduría que verdaderamente somos.*

Continuó:

—Sé que las cosas han sido dificilísimas para ti, Dar. Soy muy sensible a lo que estás pasando y jamás minimizaría tus sentimientos. *Los sentimientos son las puertas de tu alma y deben reconocerse y luego experimentarse por completo. Los sentimientos llevan información importante y sirven para fomentar tu autorrealización si se exploran plenamente.* Negarlos es negar una parte natural de ti. Fingir que no sientes lo que sientes sería muy poco sano, tanto psicológica como fisiológicamente. Tragarte tus sentimientos conduce a la enfermedad. Pero hay algo mucho más grande en juego, algo que no puedes comprender con tu percepción actual. Recuerda, vemos el mundo no como es sino como somos nosotros. Al cambiar tú, cambia tu forma de ver el mundo. *Al expandirse tu conciencia, serás consciente de cosas que antes no podías ver ni entender.* Todo es bueno aquí. Todo lo que te ha sucedido te lleva a un lugar fantástico. Como seres humanos, nuestra tendencia es a decirle a la vida que escuche lo que queremos. Pero la vida no actúa asi. Nos da lo que necesitamos, lo que es mejor para nosotros... lo que más nos beneficia. *Tu vida irá mucho mejor una vez empieces a escucharla. Deja que te lleve en lugar de tratar de nadar a contracorriente. Y confía en que la vida te llevará exactamente al lugar para el que estás destinado. Abandona toda resistencia y adopta una postura de rendicion ante lo que esté sucediendo.* Hacer esto es una de las maneras de tener la seguridad de que andarás por la senda de tu destino, tu verdadera senda.

—Hace poco leí en la prensa un artículo sobre ti —dije—. Es increíble lo que estás haciendo para que el mundo sea un lugar mejor.

—Sí, leí ese artículo que tú dices —replicó Julian con una sonrisa—. De hecho, lo tengo guardado en alguna parte. Soy un idealista y me siento muy feliz cuando leo ese artícuo porque me recuerda que lo que hago surte efecto. Yo no mido mi vida por decenios, sino por obras. He aprendido que la felicidad duradera nace de dar y no de recibir. Los chinos lo expresan muy bien: «Siempre queda un poco de fragancia en la mano que da rosas». Y, pese a ello, nos olvidamos de eso con demasiada frecuencia. En los negocios, por ejemplo, no actuamos de forma que beneficie a todos. Aceptamos la falsa suposición de que alguien tiene que perder para que nosotros ganemos. Protegemos nuestros territorios y nos negamos a actuar desde un marco de referencia que ve el valor de ayudar a que triunfen todos los que nos rodean. No hay ninguna verdad en eso. De hecho, la mejor manera de ir en cabeza en los negocios es dedicarse a dar a tus clientes más valor del que tienen derecho a esperar. Los verdaderos líderes del mundo de los negocios saben quién les da de comer y, por lo tanto, tratan a sus clientes como si pertenecieran a la realeza. El amor es un instrumento increíblemente poderoso para los negocios, ¿sabes?

—Nunca me lo había planteado así.

—Pues es la verdad, amigo mío. *Y antes de que una persona te eche una mano debes tocarle el corazón.* Sé como el sol: el sol da todo lo que puede dar. Pero a cambio de ello, todas las flores, todos los árboles y todas las plantas crecen hacia él. Solo, en tu vida de negocios, al dedicarte a complacer y querer a tus clientes, crearás un ejército de embajadores de buena voluntad que recorrerán el mundo y dirán a todos lo que haces y lo que eres. Incluso cuando se trate de lo que llamas competencia, procura hacer todo lo que puedas para ayudarles. Forja alianzas con ellos. Traba amistades con ellos. Los negocios son una cuestión de relaciones. Ayúdales a conseguir lo que quieren y entrará en acción la antigua ley de la reciprocidad y ellos empezarán a ayudarte a conseguir lo que quieras tú. La acción de dar pone en marcha el proceso de recibir.

—Tienes mucha razón —dije, dándome cuenta de la fuerza de sus palabras.

—Así que, como digo, lo que señala el artículo sobre el efecto de lo que hago me llena de satisfacción porque me recuerda que soy una bendición para la vida de otras personas, a mi manera, modestamente. Pero no me tomo demasiado en serio todo el reconocimiento que recibo. *Nadie te toma en serio cuando tú te tomas demasiado en serio a ti mismo, ¿comprendes?*

Sonreí al oír estas últimas palabras. El tipo sabía lo que se hacía.

—No puedo creer que me estén llamando sabio —prosiguió, quitándose un pedacito de plátano de la túnica impecable—. ¿Qué sé yo de eso? No soy más que un hombre corriente que, con la ayuda de algunos maestros muy poderosos, ha descubierto una filosofía que conducirá a cualquiera que decida adoptarla a una vida hermosa. Todo ser humano necesita encontrar tiempo para formular una filosofía de la vida... es una de las cosas más importantes que puede hacer una persona. Para vivir de forma verdadera y grande, toda persona debe definir cómo quiere vivir y cómo será más radiante su vida. Todos necesitamos tener escrita en un papel una declaración que podamos leer todas las mañanas mientras el resto del mundo duerme y nos sirva de brújula moral para dirigir las opciones de nuestro día. Sirve de áncora que nos aferra a nuestras mejores acciones. Sin esta declaración filosófica, vivirás tu vida por casualidad, reaccionando a lo que vaya presentándose en tus días. Vivir así es una fórmula segura para el desastre... cuando vives de esta manera lo que haces es buscarte problemas. Me hace pensar en un refrán: «Si no sabes adónde vas, cualquier camino te llevará allí».

—¿Así que necesito tomarme un poco de tiempo para pensar en lo que quiero que represente mi vida?

—Por supuesto, Dar. Es una de las *cosas imprescindibles* de la vida. Las personas que tienen éxito y se sienten realizadas se toman tiempo para pensar, planear y reflexionar. Son conscientes de su vida porque saben que cada día es un don increíblemente precioso. Si no me crees, cuando vuelvas a casa entra en un hospital y habla con alguien en el pabellón de enfermos de cáncer. Pregúntale qué daría a cambio de un día extra de vida.

Lo que dijo Julian me impresionó. Eran tantas las cosas de la vida a las que no había dado la importancia debida. Nunca me había tomado cada día como un don y una oportunidad de crear algo grande o influir en la vida de las personas.

—La mayoría de la gente dedica más tiempo a planear las vacaciones de verano que a planear su vida. Es una lástima. Reflexiona sobre tu vida. Pregúntate: «¿Cómo estoy destinado a vivir?». Piensa en lo que estás destinado a hacer, en las cosas que ya no estás dispuesto a tolerar en tu vida y las pautas de excelencia que te has fijado para avanzar. Vivir la vida sin tener devoción a la excelencia significa deshonrar los dones y talentos sin precio que has recibido.

Julian continuó hablando y dio unos cuantos pasos, al tiempo que alzaba las manos para causar más efecto.

—Sin una filosofía que refleje *tu* verdad sobre cómo quieres vivir y qué aspiras a ser, ¿cómo puedes tomar decisiones acertadas? Sin una filosofía, vivirás tu vida de acuerdo con los deseos de otros. Serás como los lemmings y seguirás a la multitud que se echa al mar y muere ahogada. *Sin una filosofía, puede que te encuentres en tu lecho de muerte y te preguntes «¿y si toda mi vida ha sido una mentira?».*

—Eso explica lo que está escrito en la hoja de papel. «Deja de vivir tu vida como una mentira.» Doy por sentado que fuiste tú quien la dejó para mí, Julian, ¿no es así?

—Desde luego. ¿Qué es la vida sin un poco de misterio? ¿Qué es la vida sin un poco de aventura? Trataba de inyectar un poco de maravilla en tu vida. Esta senda por la que te interesa andar no es para los pusilánimes, amigo mío. Exige mucho valor. Debes hacer frente a tus temores y luego superarlos. No será fácil, pero te llevará al lugar donde la parte más profunda de ti está hambrienta de saber. De todos modos, como decía hace un momento, no puedo creer que la gente me llame gurú. No soy más que un estudioso de la vida que tiene unas cuantas percepciones convincentes que compartir. Considérame un guía más que otra cosa. Yo entro en la vida de las personas para guiarlas en la dirección apropiada. Busco personas que estén *dispuestas* a hacer algunos cambios importantes en su vida porque saben, muy en el fondo, que en la vida hay mucho más de lo que están experimentando en este momento. Me hace pensar en lo que dijo Rumi una vez: «Quien entre en El Camino sin un guía tardará cien años en hacer un viaje de dos días».

Reí entre dientes, apreciando la hondura de la sabiduría que estaba compartiendo conmigo. *Tenía* que ser Julian Mantle. ¿Qué otra persona hubiera podido compartir lo que estaba compartiendo? Me sentí aún más tranquilo después de librarme de los últimos restos de incertidumbre sobre la identidad de aquel hombre extraordinario.

—Quizá una manera mejor de examinar lo que hago sea considerarme un entrenador para la vida. Entreno a las personas para que se conviertan en su yo más grande y las ayudo a jugar sus partidas más importantes como seres humanos. Ayudo a las personas a descubrir su destino y vivir sus sueños. *Cuesta creer que vivimos en un mundo donde la mayoría de la gente se preocupa más por seguir a la multitud y hacer lo que hacen todos que por vivir sus sueños.* Te diré algo que te ruego que no olvides nunca: *uno de los mayores pesares que puede tener una persona es llegar al final de su vida y darse cuenta de que no hizo realidad sus sueños.* Llegar al final de la vida o siquiera a la mitad y darte cuenta de que no te atreviste, de que no intentaste coger las estrellas con la mano, que no hiciste realidad ni tan solo una décima parte de tu potencial te partirá el corazón. Sobre esto confía en mí... lo veo constantemente. Al final de nuestra vida, lo que nos llena de pesar el corazón no son los riesgos que corrimos. En vez de ello, lo que nos hace sentir una tristeza inmensa es pensar en todos los riesgos que *no* corrimos, todas las oportunidades que no aprovechamos, todas las cosas que no hicimos. No vivas tu vida como un alma tímida, amigo mío. Sal al ruedo, olvídate de los críticos y juega a lo grande con los dones de tus días. La vida es corta y los años pasarán muy rápidamente, como granos de arena que se escapan entre los dedos un día caluroso en la playa. Fuiste destinado para brillar y para que tu talento viese la luz del día. *No hay más que un fracaso en la vida y es el no intentarlo.* El mayor fracaso de la vida es no estar dispuesto a jugártelo todo ni andar hacia los lugares que te dan miedo.

—Estoy de acuerdo, Julian. Completamente de acuerdo. Lamento tanto gran parte de la forma en que he vivido hasta ahora.

—Sé benévolo contigo mismo. Crecemos a partir de nuestros errores. ¿Cómo dice aquella expresión...? Ah, sí: «El buen juicio nace de la experiencia, la experiencia nace de cometer errores y los errores nacen del mal juicio». Prefiero experimentar con la vida y cometer unos cuantos errores a renunciar al crecimiento negándome a salir de los límites de mi medio natural. Así que cometiste algunos errores. Perdónate a ti mismo y sigue avanzando. *El pasado es una tumba y no tiene sentido pasarte la vida viviendo en una tumba. Todo final representa un nuevo principio. O, dicho de otro modo, no puedes avanzar en la vida si no quitas los ojos del espejo retrovisor.* Como señaló Cicerón: «Las almas de las personas sabias miran el estado futuro de su existencia; todos sus pensamientos se concentran en la eternidad». La clave es *aprender* de tus errores y construir unos cimientos de sabiduría. Mezcla la autorresponsabilidad con el autoperdón. La clave es también seguir corriendo hacia tus temores en vez de huir de ellos, porque al otro lado de tus temores más grandes vive tu vida más grande. Si no sigues corriendo hacia el muro de tus temores, nunca descubrirás la libertad personal. La libertad vive al otro lado de tus temores. ¿Con qué frecuencia piensas que está asustada la mayoría de la gente?

—No tengo ni idea —contesté sinceramente—. Quizá una vez cada equis meses.

—Si no sientes un poco de temor *diariamente,* vives la vida dentro de un puerto seguro y te aferras a la costa. ¿Conoces la historia de cómo Colón llegó al Nuevo Mundo? —preguntó Julian en tono efusivo.

—No, no la conozco, Julian. En otro tiempo leía muchos libros de historia, pero no tengo ni idea de cuál es la respuesta a tu pregunta.

—Eligió la perpendicular —dijo Julian, juntando sus manos bronceadas para formar una «T».

—¿Qué quieres decir con eso?

—Antes de Colón, todos los aventureros navegaban cerca de la costa, sin perderla de vista. Era la forma normal de navegar. Colón se atrevió a ser diferente. Se negó a hacer lo que habían hecho todos los demás. Se arriesgó y navegó perpendicularmente a la costa, adentrándose en el mar. Y porque se desprendió de lo conocido y tuvo el valor de navegar hacia lo desconocido, se convirtió en uno de nuestros héroes más grandes. Verás, amigo mío, los héroes son revolucionarios. Todos los progresos de la humanidad han sido obra de personas que se negaban a pensar, sentir y actuar como todas las demás. Las palabras de John F. Kennedy al afirmar que trabajaría con ahínco para poner un hombre en la luna fueron palabras de un revolucionario, de alguien que se negaba a seguir a la multitud y conformarse con poco. El sueño de Mahatma Gandhi de liberar una nación fue la fantasía de un revolucionario que no quiso dejarse dominar por sus temores. El objetivo de la Madre Teresa de liberar Calcuta de los grilletes de la pobreza era el ideal de una revolucionaria que se negó a escuchar los gritos de los negativistas que le decían que no podía ni debía hacerse. George Bernard Shaw lo expresó muy bien: «El hombre razonable se adapta al mundo; el irrazonable trata de adaptar el mundo a sí mismo. Por lo tanto, todo el progreso depende del hombre irrazonable». Es una muestra de sabiduría tan importante. Todo el progreso sale de personas irrazonables, personas que siguen los dictados de su corazón y las instrucciones de su conciencia en vez de las órdenes de la multitud. Todo el progreso ha salido de personas que se arriesgaron, hombres y mujeres que estaban dispuestos a visitar los lugares que les daban miedo.

—Es una gran verdad, Julian —asentí—. Todo el progreso humano, todos los avances que ha habido en el mundo, desde el descubrimiento del fuego hasta la creación del ordenador personal, han sido obra de personas que tuvieron el valor de no escuchar a la multitud y, en vez de ello, hicieron lo que les parecía acertado, prescindiendo de si despertaba incertidumbre y temor en ellas.

—Arriesgarse es provocar temor, amigo. Pero arriesgarse es estar vivo al máximo. Estoy profundamente convencido de que cuando estamos más vivos es cuando nos arriesgamos, somos valientes y visitamos los lugares desconocidos de nuestra vida. *«Grandes riesgos, gran vida. Pequeños riesgos, pequeña vida»* es mi forma de verlo. Si quieres vivir de una manera grande, debes también estar dispuesto a correr grandes riesgos. Para llegar a las perlas, el buceador debe estar dispuesto a bajar a las profundidades y visitar los lugares que las almas temerosas nunca visitarían.

—Buen ejemplo.

—Cuando pides a alguien algo que nunca has pedido y el corazón empieza a latirte rápidamente es cuando estás verdaderamente vivo. Cuando quieres decir algo a alguien pero te pones nervioso de solo pensarlo es cuando estás más vivo. Cuando haces algo que nunca habías hecho pero sigues adelante hasta el final porque el corazón te dice que es algo que hará que tu vida sea más rica y mejor es cuando estás más vivo. Papa Wallenda, el gran funámbulo, lo dijo muy bien al comentar: «La vida está en el alambre. El resto es solo esperar».

Julian siguió hablando con un entusiasmo que hoy día es raro en el mundo.

—Así que ve en mí al entrenador de tu vida. Todos los hombres y mujeres de negocios que son inteligentes tienen entrenadores que les ayudan a llegar a donde quieren ir. Cada deportista de élite tiene un entrenador que le ayuda a jugar todo lo bien de que es capaz. Pues piensa que eres un deportista de élite en el campo de juego de la vida: necesitas un entrenador que te guíe, te inspire y te defienda mientras vas evolucionando hasta convertirte en quien estás destinado a ser. Sabía que ibas a asistir al seminario de esta noche. Ese tipo ha estado muy bien ahí fuera... Me ha gustado de verdad lo que ha dicho. Espero no haberte asustado con mi forma de atraerte a mí.

—Oh, no, Julian, no me has asustado —mentí.

Julian continuó:

—Es solo que las personas con las que trabajo deben ser personas que estén dispuestas a correr algunos riesgos. Por el camino de nuestra vida a cada paso podemos elegir. Podemos hacer frente a las cosas a las que nos resistimos, lo cual nos hace crecer como seres humanos. O podemos optar por no tratar de superarnos, con lo cual permanecemos estancados y seguimos siendo pequeños. Dicho de otro modo, lo que decidimos o bien nos libera o nos limita. Así que puse unos cuantos retos pequeños en tu camino para ver cómo respondías. Y lo has hecho estupendamente.

—Bueno, Julian... espero que no te importe que te tutee...

—Claro que no, Dar. Vamos a conocernos bastante bien durante las próximas semanas. Así que dejémonos de ceremonias

—replicó Julian mientras bebía unos sorbos de una botella de agua Evian.

—Me encantaría tenerte como mi entrenador de la vida. De hecho, me honra mucho que me hayas elegido como tu siguiente proyecto. Tienes razón. Estoy convencido de estar preparado para descubrir mi destino y vivir mi vida verdadera. Ayer me sucedió algo milagroso que abrió esa conciencia dentro de mí. No puedo entrar en detalles ahora, pero bastará con que te diga que empiezo a darme cuenta de que este don de la vida es un tesoro. También empiezo a darme cuenta de que cada uno de nosotros tiene mucho más potencial de grandeza de lo que la mayoría es capaz de comprender.

—Muy cierto —afirmó Julian.

—Julian —proseguí—: permíteme que te haga una pregunta básica que me parece que mucha gente se estará haciendo: ¿Qué hace realmente uno para descubrir su destino?

Julian pasó una mano por los bordados de la parte de delante de su túnica. Cerró los ojos, como si estuviera esperando que una fuente superior le guiase. Después de un largo silencio, dijo:

—*Nadie descubre su destino, Dar. Tu destino te descubrirá a ti, siempre y cuando tú hayas hecho los preparativos y el trabajo interior que se requieren para aprovechar la oportunidad cuando se presente.* Carlos Castaneda lo expresó muy bien: «Todos nosotros, seamos guerreros o no, tenemos un centímetro cúbico de oportunidad que surge ante nuestros ojos de vez en cuando. La diferencia entre la persona normal y un guerrero es que el guerrero es consciente de esto y permanece alerta, esperando deliberadamente, así que cuando surge este centímetro cúbico de oportunidad lo aprovecha».

—Muy bien dicho.

—He aquí la clave. Deja de preocuparte por encontrar tu destino. Dedica el tiempo a conocerte a *ti mismo*. Derriba la fachada que muestras al mundo y haz en ti mismo el profundo trabajo interior que se necesita para saber quién eres realmente. Concéntrate en reconstruir tu autorrelación. Conoce tus valores más profundos y más verdaderos. Conoce tus preferencias y prioridades... y no las que otros te han enseñado que son las más importantes, sino las que *tú* sientes que son más valiosas. Conoce lo que verdaderamente hace que te sientas feliz. Saca a la luz de tu conciencia las pautas y formas subconscientes de reaccionar a las cosas, sácalas con el fin de que puedan curarse. Conoce tus temores y cómo llegaste a hacerlos tuyos. Cuando llegues a conocer quién eres entonces podrás reivindicar tu destino cuando se te acerque. Cuando llegues a conocer quién eres verdaderamente y en qué consiste realmente podrás aprovechar ese «centímetro cúbico de oportunidad» cuando se presente ante ti. Y se presentará, confía en mí.

—De acuerdo. Lo que dices tiene mucho sentido. Estoy dispuesto a hacer todo este «trabajo interior», como tú lo llamas... Incluso a conocer mis temores más sombríos.

—Alguien te dio tus temores, ¿sabes? Alguien te los enseñó.

—¿De veras?

—Por supuesto. En el momento de nacer estabas verdaderamente libre de temores. En el momento de nacer eras pura perfección. Henri Amiel escribió una vez que «la infancia es bendecida por el cielo porque introduce un fragmento de paraíso en las crueldades de la vida». Todos estos miles de nacimientos diarios son nuevas añadiduras de inocencia y pureza que luchan contra nuestra naturaleza corrompida.

—Muy cierto, Julian. Es verdad que los niños vienen a nosotros más evolucionados que los adultos para enseñarnos las lecciones que necesitamos aprender. Sé que he olvidado esa lección muchas veces. En tantos sentidos los niños son los maestros. Saben mucho más de lo que estamos dispuestos a reconocerles.

—Exactamente, amigo. De niños somos realmente perfectos. Seguimos conectados con la fuerza que creó el mundo. Pero al empezar a hacernos mayores, adoptamos temores del mundo que nos rodea. Nos «corrompemos». Esto se debe a que queremos encajar y ser como todos los demás. Queremos que nuestros padres nos amen y nos adoren. Así que los imitamos y adoptamos sus temores, sus creencias restrictivas y sus suposiciones erróneas para parecernos más a ellos. Hacemos todo esto porque anhelamos ser amados. *Quien eres en este momento no es quien eres verdaderamente. Es más bien alguien en quien te has* convertido *como resultado de estar en este mundo.* Para disipar todos estos temores que has *asumido* del mundo que te rodea, necesitarás retroceder y explorar la fuente de todos tus temores. Entonces tendrás que analizarlos hasta que dejen de formar parte de tu psique. Para conocerte a ti mismo de manera que tu destino te llame, también debes prestar más atención a tu vida y reflexionar sobre las lecciones que es necesario aprender. Debes ser riguroso contigo mismo y examinar tu historia.

—¿Mi historia?

—Cada uno de nosotros crea una historia sobre su propia vida, aunque solo se la cuente a sí mismo. Para algunos, toda la historia trata sobre ser una víctima. Son como son a causa de su infancia o a causa de donde se hicieron mayores o a causa de las cosas malas que les han pasado. En el mundo actual hay tantas personas que son profesionales del victimismo.

—¿Por qué?

—Porque hacerse la víctima es fácil. No tienes que asumir ninguna responsabilidad por el cariz que presenta tu vida. Puedes echar a todos los demás la culpa de lo que no va bien en tu vida y no hacer nunca examen de conciencia para efectuar los cambios que sean necesarios. *Pero cuando te haces la víctima traspasas tu poder a la supuesta causa de tu condición de víctima. Es una forma muy impotente de vivir.*

—Muy cierto —repliqué, asintiendo con la cabeza.

—La historia que crean las personas puede consistir en que son demasiado viejas para perseguir sus sueños o no son lo bastante atractivas para encontrar la pareja deseada o lo bastante inteligentes para hacer lo que desean hacer. Y así sucesivamente. Lo que quiero decir en realidad es: *El mejor paso que puedes dar es trabajar en tu autorrelación.*

—Justamente como hiciste en el Himalaya —comenté.

—Justamente como hice en el Himalaya, sí —dijo Julian—. La mayoría de las personas han perdido la conexión consigo mismas. Han olvidado quiénes son verdaderamente. Me entristece tanto verlo. Cada uno de nosotros tiene la grandeza escrita en su ADN. Nuestra vida fue creada para que estuviese llena de alegría, para que fuera apasionante y rica en amor, paz y belleza. La felicidad es nuestro derecho de nacimiento. Pero entorpecemos nuestro propio camino. Hemos caído en la trampa de la mediocridad. Creemos que no estamos destinados a hacer milagros. Nos conformamos con lo pequeño porque tememos que, si hacemos uso de nuestras posibilidades superiores, sufriremos algún daño o la gente no nos querrá o la vida nos irá mal.

—Muy cierto.

Julian siguió hablando con entusiasmo.

—Nos creemos la mentira de que el dinero es lo único que nos traerá felicidad y vendemos nuestra alma. Sencillamente ya no sabemos quiénes somos y qué estábamos destinados a ser. Hemos cambiado inconscientemente el poder auténtico que tenemos al nacer por el poder externo que se adquiere al estar en el mundo. Realmente hemos olvidado quiénes somos de verdad. Y si no sabes quién eres y qué es lo que verdaderamente quieres ser, ¿cómo puedes reconocer tu destino y seguirlo cuando se te presenta? *Conócete a ti mismo y te prometo que tu destino te encontrará.*

Julian hizo una pausa.

—Bueno, ha llegado el momento de dar por terminada nuestra primera sesión de entrenamiento, Dar. Se está haciendo tarde y estoy seguro de que ya habrás tenido suficientes emociones por una noche.

Julian me rodeó los hombros con uno de sus brazos musculosos al salir del camerino y echamos a andar por el pasillo. El mero hecho de estar con Julian me proporcionaba paz.

—Y lo único que pido es que confíes en mí. Si estás dispuesto a ello, te llevaré a un lugar donde nunca has soñado que estarías. Frederick Faust tenía razón cuando dijo: «Hay un gigante dormido dentro de cada persona. Cuando ese gigante despierta se producen milagros». Compartiré contigo los secretos que aprendí en lo alto de aquellas montañas. Te enseñaré todo lo que necesitas saber para saborear la delicia que puede ser la vida. Basta con que «sueltes todas las riendas» por una vez en la vida, amigo mío.

—¿Qué quieres decir con eso?

—Pues, es una frase que me encanta. Se refiere a la necesidad que tenemos todos de entrar en nuestros temores si queremos vivir una vida grande y maravillosa. Es de algo que Mary Cholmondeley escribió una vez. Toma, coge esto. Te será útil.

Julian me dio un papel que acababa de sacar del bolsillo de su túnica. Estaba arrugado de tanto usarlo y decía sencillamente:

Cada año que vivo estoy más convencido de que el desperdicio de la vida reside en el amor que no hemos dado, los poderes que no hemos usado, la prudencia egoísta que no quiere arriesgar nada y que, al eludir el dolor, se perdió también la felicidad. Hasta ahora nadie ha sido más pobre a la larga después de que, una vez en la vida, «soltara todas las riendas».

—Una cita asombrosa, Julian. Quiero que sepas que estoy dispuesto a hacer lo que me aconsejes que haga —me apresuré a contestar, reconociendo la enorme oportunidad que me ofrecía Julian al invitarme a tomarle como entrenador de mi vida. Muchos amigos míos que también dirigían negocios me habían hablado de lo valioso que era tener un entrenador de la vida, y pensé que era una bendición que Julian entrara en la mía en ese momento—. ¿Cuánto tiempo llevará mi transformación?

—*La transformación personal no es una carrera, Dar. De hecho, a veces cuanto más te esfuerzas por cambiar, más tiempo se necesita para ello.* Muchas personas se toman el autodescubrimiento como un deporte extremo y corren frenéticamente en pos de su curación total. Leen un libro tras otro. Visitan a un guía tras otro y asisten a un seminario tras otro. Quieren conocer las respuestas a las grandes preguntas con las que están luchando. Pero alguien que no puede sentarse en el misterio de su vida y disfrutar del proceso de crecimiento personal es una persona atemorizada.

—¿De veras? —pregunté, sorprendido al oírlo. Uno de los valores dominantes de nuestra sociedad es «más rápido es mejor» y oír cómo Julian rechazaba esta idea no hizo más que aumentar la mística que le rodeaba, a él y a su filosofía no tradicional.

—Confía en que tu sentido del tiempo no es necesariamente el de la naturaleza. Relájate al entrar en el proceso. No está previsto que conozcas todas las respuestas, al menos de momento. Cuando estés preparado para aprender algo, para una lección específica, llegará. ¿Qué gracia tendría conocer todas las sorpresas del argumento al llegar a la mitad de una película? *Tu vida es como un thriller, amigo mío... la mitad de la diversión consiste en no saber lo que va a pasar. La vida es tan fluida. Todo está cambiando siempre. Piensas que la vida será de una manera y luego resulta que es de otra. Ahí está la gracia de todo el asunto. Eso es también el don.*

—¿Qué quieres decir?

—Parte del propósito de la vida es sencillamente aprender a *aceptar* que todo es un misterio. Parte de la finalidad de todo tu viaje es *aprender a liberarte* de todos los temores de que no salga como tú quieres. La vida nunca saldrá como tú esperas. Una vez sepas esto, puedes empezar a relajarte y a disfrutar de la aventura que todo ello representa. Echa una mirada a cómo ha sido tu vida hasta ahora. ¿Ha resultado tal como la planeaste?

—A menudo he pensado, durante los últimos meses, que nunca imaginé que sería así.

—En efecto. Así es la vida de todo el mundo. Y si reflexionas sobre mi pregunta durante más tiempo y ahondas más, predigo que descubrirás que si bien es posible que no esperases algunos de los momentos malos, lo mismo puede decirse de los momentos buenos.

—Sí, esto es muy cierto, Julian. Ahora mismo estoy pasando unos momentos realmente malos; pero, si he de serte sincero, reconozco que nunca soñé que disfrutaría de todos los éxitos que he tenido. Muchas cosas han resultado maravillosas de forma totalmente inesperada.

—Exactamente. Así que la lección es en realidad que nadie puede controlar la vida ni comprender su gran designio. Pero, confía en mí, hay perfección en ella. Incluso lo que estás experimentando ahora lo verás, cuando pase el tiempo, como una gran bendición que ha añadido un valor y una riqueza enormes a tu vida.

—¿En serio?

—En serio —dijo Julian—. Demasiadas personas —agregó— no pueden aceptar la idea de que sus planes y sus objetivos no resultarán como esperan. Esa forma de pensar refleja una cuestión de control por su parte. Y detrás de su necesidad de controlar suele haber miedo. Estas personas no confían en la forma de obrar de la naturaleza. Tienen poca fe en el amor que la fuente de toda la creación tiene para ellas. Sí, traza planes y fíjate objetivos. Trabaja con ahínco y trata de conseguir lo que deseas. Eso forma parte de ser una persona responsable... es verdad que fijarse unas metas hace que muchas de ellas cobren vida. *Pero no te aferres demasiado a tus planes y objetivos.* A menudo el universo te enviará un tesoro inesperado. Si estás demasiado ocupado aferrándote a lo que piensas que te conviene más, puede que se te escape lo que *verdaderamente* es mejor para ti.

—Nunca he oído nada semejante. Aquellos sabios de la India debían de ser gente en verdad asombrosa.

—Eso es quedarse corto, amigo mío. Así que, volvamos a lo que estaba compartiendo —dijo Julian, enfocando como un láser lo que quería hacerme entender—. Libérate de la necesidad de controlar la senda de tu destino. Porque, por más que te esfuerces, sencillamente no puedes controlarla. Desde luego, puedes tomar decisiones sabias y estas decisiones surtirán efecto. Pero en esencia el control no está en tus manos. Los seres humanos somos tan arrogantes. Nos pensamos que somos más inteligentes que el universo. Este universo que creó las puestas de sol y los arcos iris. Este universo que creó las estrellas y la luna. Nos pensamos que sabemos más sobre lo que más nos conviene que la fuente que creó todo lo que existe. Incluso te dan ganas de reír cuando piensas en ello. Nosotros que tenemos tan poca fe.

—Todo *es* nuestro miedo. Empiezo a comprender.

—Correcto —replicó Julian—. El miedo es el factor número uno que hace que la gente viva una vida pequeña, falsa. Volviendo a tu pregunta sobre cuánto tiempo necesita la transformación, quiero repetir que el crecimiento personal no es una gran carrera hasta la línea de llegada. En lugar de ello, es un proceso muy *orgánico*. Debes tener en cuenta el tiempo necesario para que las lecciones que te revelaré se integren en las profundidades de tu ser. Cuando estés preparado para recibir cierta lección recibirás una experiencia o persona perfecta que representará una oportunidad para que aprendas dicha lección. Y una vez hayas recibido la lección, necesitarás tiempo para poder integrarla. No hay ninguna prisa. Es todo un viaje encantador. Confía en que donde estés, en cualquier momento dado, es exactamente donde debes estar.

—De acuerdo, me relajaré un poco más. Veo que no es una carrera. Dejaré que mi transformación se produzca «orgánicamente», como dices tú, Julian —comenté.

Julian me condujo por el largo pasillo que nos llevaría de vuelta al auditorio. Al ver una lata de soda vacía que alguien había tirado al suelo de cemento, se agachó para recogerla.

—Todos los actos pequeños cuentan —dijo.

No estaba del todo seguro de lo que quiso decir con este comentario, pero no dije nada.

—Durante las próximas semanas y los próximos meses, compartiré un proceso de siete etapas que te ayudará a recuperar la perfección que conociste cuando eras un recién nacido. Este proceso despertará lo más elevado y lo mejor que hay dentro de ti. Pero debes tener paciencia. Si lo sigues hasta su conclusión absoluta, experimentarás la iluminación como ser humano.

—¿La iluminación? ¡Atiza! —dije, presintiendo el goce que me esperaba.

—Debes comprometerte con este viaje, Dar. Debes estar dispuesto a hacer el trabajo interior que se requiere para pasar por las siete Etapas del Autodespertar y andar sin miedo por la senda que te revelaré. Ten en cuenta, por favor, que a cada paso por la senda tendrás la posibilidad de elegir... los seres humanos siempre tienen la posibilidad de elegir la forma en que se cumple su destino. Puedes resistirte al crecimiento que te alentaré a aceptar o puedes abrazarlo. Y si sigues optando por crecer y andar en dirección a tus temores, accederás a etapas cada vez más altas de libertad personal y grandeza individual. Podrás descubrir en qué consiste realmente la vida. Empezarás a conocer las verdades universales y las leyes naturales que gobiernan la marcha del mundo. Una vez las conozcas, puedes seguir optando por alinearte con ellas. Y cuando te alineas con las leyes naturales que rigen el mundo tu vida funciona *automáticamente*. Empiezas a descubrir la verdad. Empiezas a saber quién eres verdaderamente. Empiezas a acceder a tu brillantez personal y las posibilidades ilimitadas que se encuentran en la esencia de tu vida. Es entonces cuando tu vida se vuelve mágica.

—¿Me costará esto algo, Julian? —pregunté al entrar en el auditorio donde el orador motivacional había hablado horas antes—. He oído decir que el entrenamiento personal puede ser muy caro.

—Por supuesto que no. Mis servicios son gratis... bastará con que me mantengas bien provisto de plátanos —dijo Julian sonriendo—. En serio, estoy embarcado en una cruzada cuyo objetivo es ayudar a la gente a darse cuenta de qué está hecha realmente. Mi mayor alegría es ayudar a una persona que tenga necesidad de mi conocimiento. *El servicio desinteresado es el alquiler que pago por vivir en este planeta maravilloso*. Quiero que la gente sepa lo que significa ser una criatura humana que funcione plenamente, que esté despierta. Me duele ver el estado en que se encuentra el mundo —comentó Julian deteniéndose. Durante un momento permaneció en silencio y totalmente inmóvil mientras las lágrimas afloraban a sus ojos.

—Es un lugar donde las personas han olvidado cómo se sueña. Quiero ayudarlas a soñar otra vez. ¿Verdad que parecería increíble si la raza humana fuera capaz de unirse y formar un grupo de soñadores? Imagínate cómo sería nuestro mundo. ¡Imagínate el legado que podríamos dejar a nuestros hijos! Quiero ayudar a la gente a confiar otra vez. Quiero ayudar a la gente a vivir otra vez. Y quiero decir vivir *de verdad*. Quiero enseñar a la gente a *amar* otra vez. Así pues, amigo mío, tengo la *obligación* de ayudarte. Será una gran alegría para mí poder ayudarte. Soy un líder servidor en el sentido más auténtico de la palabra, si me permites decirlo. Dar a los demás me hace muy feliz. Es una recompensa más que suficiente —dijo Julian.

—Me siento agradecido, Julian —dije, expresando mi aprecio sincero por aquel hombre que estaba interesado en ayudarme.

—La palabra «obligación» a menudo se ve negativamente en nuestra cultura. A muchas personas no les gusta la idea de tener obligaciones, les parece que las restringirían y les impediría vivir en el momento. Para mí, la palabra «obligación» representa libertad y felicidad. El gran poeta indio Rabindranath Tagore lo dijo con mayor elocuencia de la que yo sería capaz: «Dormí y soñé que la vida era Alegría, y entonces desperté y me di cuenta de que la vida era Obligación. Y luego me puse a trabajar y he aquí que descubrí que la Obligación puede ser Alegría». Mi destino es servir. Y hacer lo que estoy destinado a hacer, hacer el trabajo para el cual he sido puesto en el planeta, es pura alegría y felicidad absoluta para mí. Woodrow Wilson dijo la verdad cuando comentó: «*Estás aquí no solo para ganarte la vida. Estás aquí para que el mundo pueda vivir más ampliamente, con mayor visión, con mejor espíritu de esperanza y logro. Estás aquí para enriquecer el mundo y te empobreces si olvidas esta misión*».

—De acuerdo, Julian —repuse—. Te prometo que seré un estudiante magnífico. Escucharé tu sabiduría. Me comprometo a hacer los cambios que me sugieras. Gracias por encontrarme. Muchas gracias. Tengo la sensación de que mi vida no volverá a ser la misma después de esta noche.

—En eso tienes razón, amigo mío. Ven a verme al Q Hotel mañana por la mañana. Empezaremos nuestra primera leccion completa.

—Es uno de mis hoteles —dije riendo.

—Lo sé —contestó Julian con una amplia sonrisa—. Me hospedo en él. Como he dicho, no hay nada malo en darse buena vida desde el punto de vista material. Sencillamente no hagas de ello tú único objetivo.

—Es estupendo saber eso. Despertar mi mejor yo no sería tan divertido si tuviera que renunciar a todo lo que tanto trabajo me ha costado conseguir. Algunas de estas cosas me hacen muy feliz, por ejemplo mi velero. Me encanta salir a navegar en un perfecto día de verano. Durante unos momentos he pensado que ibas a decirme que la única forma de encontrar iluminación es vender todo lo que poseo y vivir en la cima de una montaña, aislado.

—Creo que en muchos sentidos eso sería escurrir el bulto, de hecho. Cualquiera puede encontrar un poco de paz divorciándose del mundo y pasando la vida en soledad. Nada ni nadie puede apretarte las tuercas cuando estás completamente solo. Nunca olvidaré lo que leí sobre un monje que había pasado siete años solo, viviendo en uno de los templos del Tíbet. Con frecuencia pasaba varios meses en silencio, apaciguando su mente y limpiándola de impurezas. Llegó un momento en que pensó que había alcanzado el estado de iluminación. Así que, ¿sabes qué hizo?

—¿Qué?

—Volvió a Nueva York. El día de su llegada salió a comprar algunas cosas en aquella gloriosa metrópoli. En pocos minutos se sintió abrumado por el estrés. Los bocinazos, las muchedumbres y el ritmo frenético de la vida le asustaron. Difícilmente puede considerarse esa reacción la respuesta de un ser iluminado. Ahora bien, no estoy diciendo que el silencio y la soledad *no* sean importantes para volver a conectar con tu yo más elevado. Kahlil Gibran, el brillante filósofo, escribió una vez: «Hay algo más grande y más puro que lo que pronuncia la boca. El silencio ilumina nuestras almas, habla en susurros a nuestros corazones y los une. El silencio nos separa de nosotros mismos, nos hace navegar por el firmamento del espíritu y nos acerca más al cielo».

—Hermosas palabras —comenté, deleitándome con la profunda cita que Julian acababa de compartir conmigo.

—Lo son. Así que el silencio y la soledad son esenciales para que tomes parte en todas las posibilidades que tu vida ha de ofrecerte. Pero lo que realmente exige valor y fuerza de carácter es encontrar iluminación aquí mismo, en medio de la ciudad. Lo que realmente exige sabiduría es encontrar paz interior justo donde estás.

—¿Qué me dices de los monjes que conociste? ¿Cómo hubieran reaccionado en Nueva York? —me pregunté en voz alta.

—A esos monjes los llaman los Sabios de Sivana. Pocas personas han podido encontrarles, ya que llevan una vida sumamente recluida y residen en una parte especialmente remota del Himalaya. Y deberías saber que esos monjes son seres *auténticamente* iluminados. Ponlos en *cualquier parte* del mundo y en *cualquier* situación y te prometo que seguirán encontrándose perfectamente a gusto, profundamente en paz. Estos sabios eran nada menos que personas mágicas. Sé que nunca volveré a encontrar seres humanos como ellos —dijo Julian bajando los ojos. Me pareció que los echaba de menos.

—¿A qué hora quieres que nos veamos en el Q Hotel por la mañana? —pregunté amablemente.

—A las cinco de la mañana.

—¿Bromeas?

—¿Crees que bromearía con algo así, amigo? —preguntó Julian, guiñándome un ojo y animándose—. Si quieres la sabiduría de un monje tienes que actuar como un monje. Los sabios creían que las primeras horas de la mañana tienen una cualidad casi mística que ofrece un espacio excelente para aprender y profundizar.

Y con esa declaración de creencias, Julian me dio un abrazo rápido y se alejó por el pasillo, la túnica meciéndose de lado a lado. Me quedé donde estaba y en silencio durante varios minutos, literalmente inmóvil. No podía dar crédito a mi buena suerte. Justo cuando pensaba que nunca encontraría las respuestas que buscaba desde hacía tiempo, un Maestro auténtico había aparecido en mi vida.

Mientras me dirigía a la salida del auditorio vi que a alguien se le había caído un billetero de piel al suelo. Lo recogí con la intención de dárselo a un guarda jurado o al encargado de noche. La curiosidad me venció y lo abrí para ver qué contenía. No había dinero ni tarjetas de crédito ni otro tipo de identificación. De hecho, el billetero estaba vacío exceptuando una cosa: en el lugar destinado a los billetes había algo que me sorprendió. Era una copia del artículo que nuestro periódico local había publicado sobre Julian y sus aventuras. Lo saqué y me quedé mirándolo fijamente. Era obvio que Julian lo había dejado para mí. Las dos últimas frases del artículo aparecían subrayadas en rojo. Decían: «Julian Mantle, el monje que vendió su Ferrari, cree en el potencial del espíritu humano para ser una fuerza del bien en el mundo. Al parecer, ha descubierto las verdades sobre las que se han edificado todas las vidas gloriosas y puede ser que, si tiene usted mucha suerte, sea usted su próximo alumno».

Doblé el papel y lo guardé en el bolsillo de la camisa... el que queda sobre el corazón.

TRES

El buscador aprende el poder de una vocación y el significado oculto del destino

> Imagínate que el propósito de la vida es solamente tu felicidad... entonces la vida se convierte en una cosa cruel y sin sentido. Tienes que abrazar la sabiduría de la humanidad. Tu inteligencia y tu corazón te dicen que el significado de la vida es servir a la fuerza que te envió al mundo. Entonces la vida se convierte en una alegría.
>
> Lev Tolstoi

Aquella noche dormí poco y mal y tuve algunos de los sueños más raros de mi vida. Soñé que corría desnudo por las calles. En otro sueño me vi encerrado en mi coche, que se salía de un puente y caía al mar. Y en otro poseía la feliz capacidad de volar. Supuse que el significado de cada uno de estos sueños estaba relacionado con la situación en que me encontraba. Había leído en alguna parte que «los sueños son el lenguaje del alma».

Correr desnudo por las calles se refería probablemente al anhelo de mi corazón de ser más vulnerable y derribar la fachada —la máscara pública— que durante toda mi vida había formado parte de mi esfuerzo por encajar y ser como todo el mundo. Es probable que el sueño estuviera relacionado con ser más auténtico, pero también con el temor a ser abierto. Estar encerrado en el coche que caía al mar se refería probablemente a los temores que habían empezado a aflorar a la superficie después de separarme de Julian por la noche. Empecé a dudar de algunas de las cosas que me había dicho. ¿Realmente podía transformar yo mi vida? ¿Realmente se me revelaría mi destino si sencillamente ahondaba y llegaba a conocerme a mí mismo? ¿Era verdad que la mayoría de las personas se habían resignado a una vida mediocre y se perdían la existencia deslumbrante que les estaba destinada? ¿Y qué pensar de las siete Etapas del Autodespertar de Julian? Si bien confiaba en Julian, y su brillantez intelectual estaba fuera de toda duda, parte de lo que había compartido conmigo parecía tan místico.

Y el sueño en que volaba, bueno, el instinto me dijo que quería decir que la parte más profunda de mí —el alma— anhelaba subir hasta mi potencial más alto. Pensé en las palabras que se me ocurrieron en la habitación del motel, hacía solo dos días: *La vida es un tesoro y tú eres mucho más de lo que sabes*. Mientras pensaba en mis sueños en la oscuridad de la madrugada, empecé a sentirme cada vez más seguro de que, con Julian como mi sabio y atento entrenador, mi vida no podía sino elevarse.

El Q Hotel era una de mis propiedades favoritas. Era elegante y muy popular entre los seguidores de la moda y la jet-set. Me había despertado a las 4.30 de la madrugada con mucha dificultad, pero no quería llegar tarde a mi encuentro con Julian. Sabía que era un hombre puntual que valoraba el cumplimiento de las promesas. Mi padre me lo había dicho.

Al llegar al chic y minimalista Q Hotel, me llamó la atención el despampanante automóvil aparcado enfrente del establecimiento. Era un Ferrari clásico. Rojo, reluciente, en perfecto estado. No pude apartar los ojos de él. Me trajo inmediatamente recuerdos de la infancia, de cuando mi padre y yo pasábamos en coche por delante de la gran mansión de Julian y contemplábamos su automóvil con ojos embobados.

Echaba realmente de menos a mi padre. Era un gran hombre. Hace varios años que murió y todavía me pongo triste al pensarlo. Le echo de menos todos los días. También echo mucho de menos a mis hijos. Desde luego, los veo todas las semanas, pero forman parte de mi corazón y me gustaría que pudieran estar siempre conmigo. A pesar de todo, como digo, el Ferrari me trajo una avalancha de recuerdos, recuerdos verdaderamente buenos.

Al aparcar mi coche detrás del Ferrari, el nuevo portero, Jake, salió corriendo a recibirme.

—Buenos días, señor Sandersen, y bienvenido al Q —dijo riendo—. Es realmente estupendo verle, jefe.

—También yo me alegro mucho de verte, Jake —contesté sinceramente—. ¿De quién es esta preciosidad? —pregunté señalando el coche.

—No estoy seguro. Lo único que sé es que tenemos un monje alojado en el hotel esta semana. Todo el mundo habla de él. Llegó en este coche hacia las cuatro de la madrugada, poco después de empezar mi turno. El tipo sabe realmente conducir un Ferrari... ¡debería haberle visto subir la calle a toda velocidad! Es un tipo legal, si me permite la expresión... hasta me dio uno de veinte como propina.

El gran Julian Mantle, siempre lleno de sorpresas. Yo sabía que poseía pocas cosas... el artículo del periódico me lo confirmó. Decía que no estaba interesado en volver a su estilo de vida anterior. Pero yo sabía que Julian aún disfrutaba de *todos* los aspectos de la vida, esto saltaba a la vista. No se arrepentía de su amor a las cosas lujosas y su gusto por lo mejor. La diferencia era que estas cosas ya no ocupaban el primer lugar de su lista de prioridades. Si bien disfrutaba de ellas por los placeres que le ofrecían, no tenía absolutamente ninguna necesidad de ellas.

No tenía la menor idea de dónde había sacado Julian el Ferrari ni de cómo podía permitirse alojarse en el Q. *Sencillamente confié en que todo estuviera en perfecto orden en el universo.* Estreché la mano de Jake y entré en el vestíbulo. Maria, la bella conserje italiana, me saludó.

—El señor Mantle le está esperando en su habitación, señor Sandersen. Le deseo una mañana maravillosa.

—¿En qué habitación está, Maria?

—Le hemos dado el Altillo del Loto.

—¡Es una de las habitaciones más caras del hotel! —exclamé sorprendido.

—Bueno, entró y pidió una habitación. Dijo que no le importaba la habitación que le diéramos, que se encontraría a gusto en cualquiera. Y estuvo tan cortés y amistoso. Así que le dimos nuestra habitación favorita. A mí sencillamente me encanta el Altillo del Loto... no es la más espaciosa, pero es la que tiene la mejor energía en lo que a mí respecta.

Me limité a menear la cabeza y sonreír. Eché a andar hacia los ascensores y subí hasta el piso de Julian. Mientras caminaba por el pasillo hacia la habitación de Julian, pude oír que alguien cantaba siguiendo una música grabada. El volumen no era lo bastante alto como para despertar a los huéspedes que dormían, pero se oía. Al acercarme a mi destino, me di cuenta de que el aspirante a estrella de rock era (por supuesto) ni más ni menos que el gran Julian Mantle.

Llamé a la puerta, que se abrió enseguida… y vi un espectáculo asombroso: Julian se encontraba de pie con una enorme sonrisa y no llevaba nada salvo unos inmaculados calzoncillos blancos. Su cuerpo era ágil y bronceado, y las estriaciones de sus prietos músculos eran visibles debajo de la piel. Raras veces había visto a alguien en tan excelente forma física y, desde luego, nunca un hombre que tenía la edad que ahora hubiera tenido mi padre de haber estado vivo. Julian llevaba el pelo peinado elegantemente hacia atrás y se le veía tranquilo pero lleno de energía. Tenía un vaso de zumo de naranja en la mano.

—Buenos días, amigo, pasa, pasa —dijo con entusiasmo—. Estaba escuchando un poco de música. Es Dave Matthews y la canción se titula «Gravedigger».* Me encanta. Para mí, habla de la importancia de vivir plenamente mientras podamos. Vivir a tope. Disfrutar de cada momento, incluso de los que distan de ser ideales. Porque la vida se acabará pronto. Antes de que nos demos cuenta, estaremos un metro ochenta bajo tierra y todos los placeres sencillos a los que no dábamos la debida importancia, como sentir las gotas de lluvia en la cara, oír las risas de nuestros hijos o ver la salida del sol, serán cosas del pasado. Te diré algo, Dar: generalmente las cosas que más valoramos cuando tenemos veinte, treinta y cuarenta años son las que menos valoramos hacia el final de nuestra vida. Y todas esas cosas que tantos de nosotros actualmente valoramos menos, como las conexiones humanas profundas, los actos de amabilidad hechos al azar, estar en una forma física soberbia, dedicarnos a alcanzar la excelencia en nuestro trabajo, crear un legado y buscar tiempo cada día para trabajar en nosotros mismos para que luzca lo mejor que llevamos dentro acabarán revelándose como las más

* En inglés, «sepulturero». (*N. del T.*)

valiosas. *En nuestro lecho de muerte nadie desearía tener más dinero en el banco o un coche más grande aparcado delante de casa. En vez de ello, al exhalar los últimos suspiros, desearíamos haber vivido una vida valerosa, auténtica y llena de amor.*

—Muy cierto. Y, a pesar de ello, nos pasamos los mejores años de nuestra vida persiguiendo cosas como la fama y la fortuna.

—Así es. Actuamos de esta manera porque los que nos rodean nos enseñan que esos son los valores que importan. Pero podemos elegir: podemos aceptar los valores de la multitud o podemos atrevernos a ser fieles a nosotros mismos y vivir la vida tal como nos parece apropiado, en nuestro nivel más profundo y verdadero. Como he dicho otras veces, no hay nada malo en el dinero. De hecho, es una cosa maravillosa que trae mucha felicidad y hace mucho bien si se maneja de forma acertada. Ganar dinero es estupendo y *debería* ser una de tus prioridades si deseas vivir una vida hermosa.

—Pero ir en pos del dinero no debería ser mi mayor prioridad.

—Exactamente. No cometas nunca el error de ponerlo por encima de tus compromisos de servir a la fuerza que te envió aquí, para influir durante tu paso por el planeta, para amar a tu familia y recuperar tu yo más grande. Recuerda que hay muchas formas de riqueza y que la riqueza económica es solo una de ellas. Una persona que tiene relaciones provechosas y una comunidad amorosa a su alrededor es, a mi modo de ver, rica. Una persona que lleva una vida de aventura, interés y aprendizaje continuo tiene una riqueza de un tipo distinto. Y a una que está conectada espiritualmente con todo lo que forma parte de la vida y se despierta todas las mañanas sintiéndose en paz y consciente de la verdad hay que verla como una persona que ha acumulado otra forma de riqueza. La multitud (esta tribu nuestra llamada sociedad) nos ha enseñado que la riqueza económica es el único tipo de riqueza que deberíamos perseguir. Es mentira. Y, por favor, ten en cuenta este hecho esencial sobre el dinero: el dinero es solo un *derivado*.

—¿Un derivado de qué?

—De añadir valor y hacer el bien a los demás. Concéntrate en ser estupendo en lo que hagas. Dedícate a ofrecer a los demás todo lo que puedas para que sus vidas sean mejores. Sé *verdaderamente* excepcional en todos los aspectos de tu vida profesional y personal. El dinero vendrá después, te lo garantizo. Verás, Dar, *el dinero es el derivado involuntario pero inevitable de una vida dedicada a ayudar a los demás a conseguir lo que quieren. El dinero no es nada más que el pago que efectúa el universo a cambio del valor que has añadido a los demás. Lo que siembres cosecharás.*

—Esto... Julian —le interrumpí—, ¿dónde está tu túnica? Ya sé que anoche dijiste que debíamos dejarnos de ceremonias, pero ¿no te has pasado un poco? Bonitos calzoncillos, de todos modos —dije, soltando una risita. Sabía que podía permitirme bromas con Julian, que era un tipo divertido.

—Me la están limpiando en seco, Dar. Menudo personal tienes aquí... Estoy impresionado. Dijeron que la tendrían limpia en cuestión de unas horas. Así que de momento me estoy relajando en calzoncillos. Me encanta esta música... la música hace cantar a mi alma. Es tan importante en mi vida. Hace que me sienta increíblemente bien. No puedo imaginarme la vida sin música.

Un monje al que le encantan Dave Matthews, los hoteles elegantes y las cosas buenas. Que me pellizquen. Julian apuró la naranjada y luego paró el reproductor de discos compactos. Me miró con aire de pedir disculpas.

—Espero no haberte hecho pasar vergüenza abriendo la puerta en calzoncillos. No me he parado a pensar en mi atuendo. Me lo estaba pasando tan bien esta mañana. Una de las cosas que he adquirido a resultas de mi encuentro con los Sabios de Sivana en la India es lo que yo llamo «ansias de vivir». Todo el mundo debe hacer lo que sea necesario para adquirir ansias de vivir. Todos debemos encontrar tiempo para entusiasmarnos con las cosas sencillas de la vida, las cosas que apreciábamos de niños. Para mí, esos placeres son cosas como hacer rebotar piedras en la superficie del agua o construir muñecos de nieve en invierno. O bailar al compás de la música como si estuvieras completamente solo. Estos días me dejo absorber tanto por el momento que a veces me olvido de las normas de la cortesía por las que solía preocuparme cuando era abogado. Todas estas cosas han dejado de parecerme importantes. Estar completamente entregado al presente... En eso consiste gran parte de la vida. Nada es más importante para mí que estar aquí plenamente. *La vida se vive en el ahora,* amigo mío. Como dije antes, el pasado es una tumba. La vida es para los vivos. Los sabios que hay entre nosotros así lo entienden. Como el gran escritor y filósofo Paulo Coelho confirmó en su bello libro *El alquimista,* «Me interesa solo el presente. Si puedes concentrarte solo en el presente, serás un hombre feliz. Verás que hay vida en el desierto, que hay estrellas en el firmamento y que las tribus luchan porque forman parte de la raza humana. La vida será una fiesta para ti, una gran fiesta, porque la vida es el momento que estamos viviendo ahora mismo».

—¿Debería tomar nota de todas estas lecciones, Julian? —pregunté en tono serio.

—No, de momento no. Tomar nota de las cosas es una costumbre increíblemente importante para el autodescubrimiento.

Los monjes del Himalaya me enseñaron el tremendo valor de llevar un diario. La disciplina cambió mi vida, Dar. Del mismo modo que llegas a conocer a otra persona sosteniendo conversaciones profundas con ella, si llevas un diario todas las mañanas llegarás a conocerte a ti mismo por medio de lo que escribas. Descubrí lo que quería y lo que me impedía vivir mi vida más grande. Mi diario me ofrecía un lugar donde dejar constancia de lo que aprendía, una forma de tratar emociones no sentidas que me estaban bloqueando y un vehículo para expresar la filosofía de acuerdo con la cual me había prometido vivir. Pero, aunque llevar un diario puede ser maravilloso para aclarar y curar las emociones, también es una actividad centrada en la mente. Y de momento quiero que te alejes de tu mente y te acerques a tu corazón. Quiero guiarte y hacerte salir de tu inteligencia para entrar en tus sentimientos. Has vivido toda la vida en la mente y ¿adónde te ha llevado?

—Todavía me siento desgraciado —contesté con toda sinceridad.

—De acuerdo, puede, solo puede, que falten uno o dos elementos —apuntó Julian en tono amable—. A mí me parece que lo que necesitas es abrir tu corazón, amigo mío. Y vivir en el momento sucede en el corazón y no en la mente. ¿Te has sentado alguna vez a contemplar un maravilloso amanecer y te has puesto a pensar en el trabajo o en tu programa para aquel día o en algún problema en lugar de prestar atención a la perfección de la escena que tenías delante?

—Desde luego.

—Pues eso sucedió porque tu mente llevaba la voz cantante. *La mente es una servidora excelente, pero un ama tiránica.* La mente es un *instrumento* espléndido que ha de usarse para trazar planes, reflexionar pacientemente y aprender de los errores pasados con el fin de que no se repitan, por citar solo unos cuantos ejemplos. La mente te ayudará a adquirir conocimientos y recibir educación de las enseñanzas de la vida. Pero la mente no debe llevar la batuta, como ocurre con la mayoría de la gente. Vivir en la mente debe equilibrarse con actuar a partir del corazón, como te dije anoche. Es esa armonía o asociación importantísima entre la cabeza y el corazón. El corazón quiere que aprecies todos los dones de ese amanecer. El corazón sabe que la vida se vive en el momento presente.

Julian calló. Desde el Altillo del Loto se dominaba toda la ciudad, una vista exquisita. La revista *Travel and Leisure* dijo que era una de las mejores habitaciones de hotel del mundo.

—Oye, ¿qué pasa con el coche? —pregunté al recordar el Ferrari que acababa de ver abajo—. Me han dicho que llegaste en él de madrugada. ¿Es que no duermes nunca?

—Claro que duermo. Un buen descanso es esencial para el cuerpo. Pero no duermo tanto como la mayoría de la gente. La vida es corta y no pierdo el tiempo. Podría morirme mañana mismo... ¿quién sabe? Así que vivo cada día completamente. La vida es demasiado divertida para perdérsela. Tengo una vocación que seguir y un legado que dejar. He recibido unos dones maravillosos y tengo una misión que cumplir, y rezo para pedir que esta misión ayude a muchas personas a vivir una vida más rica. *Una vez conectes con algún tipo de propósito superior y objetivo principal en tu vida, habrá una correspondiente liberación de pasión y energía en tu vida. El secreto de generar niveles extraordinarios de pasión en tu vida es descubrir tu propósito mayor.* Una vez encuentras tu vocación, te entusiasmas. Y cuanto más te entusiasmen esta vocación y tu vida en general, menos necesitarás o querrás dormir. La mayoría de las personas usan el sueño como una droga. Usan el sueño para distraerse y pasar el rato. Cuando la gente empieza a vivir una vida que es incongruente con sus vidas más grandes y sus posibilidades más elevadas, dentro de ella empieza a formarse un pozo de dolor. La mayoría de la gente no es consciente de esto, es algo que sucede en el nivel subconsciente, pero eso no quiere decir que no suceda y que no afecte en todos los momentos, en todas las decisiones y en todos los planos. Muchas personas se valen del sueño para evitar ese dolor.

—Esa es una perspectiva interesante, Julian. Nunca había pensado en ello. Siempre he pensado en el dolor como algo más manifiesto —reconocí.

Julian asintió con la cabeza, luego continuó.

—Pero mira las personas que descubrieron una causa a la que dedicaron su vida, personas tales como Benjamin Franklin, Mahatma Gandhi, Martin Luther King Jr., la Madre Teresa y Nelson Mandela. Conectaron con algún tipo de cruzada y decidieron que dedicarían a ella su vida. Esto atrajo su corazón. Hizo que se sintieran emocionalmente comprometidas con lo que hacían. Y una vez has forjado algún compromiso emocional con una vocación, en lugar de un compromiso simplemente intelectual, fluye el entusiasmo y estalla la energía. Esa es la gran idea sobre la que debes reflexionar en esta etapa, amigo mío. Conecta con una causa absorbente utilizando para ello el corazón y no la cabeza. Y luego abróchate el cinturón de seguridad porque tu vida levantará el vuelo.

—¿Debo abandonar el mundo de los negocios y mi trabajo actual para encontrar esta causa a la que dedicaré mi vida? Las personas que has mencionado eran luchadores por la libertad o activistas sociales. No te ofendas, Julian, pero esas cosas no son para *mí*.

—Excelente observación. Por supuesto que puedes encontrar tu causa, tu cruzada, exactamente donde estás. Nadie tiene que dejar su trabajo para encontrar algo que atraiga su corazón y le ilusione. Con frecuencia lo único que se requiere es ver las cosas de forma diferente. Por ejemplo, tú, como propietario de estos hoteles, puedes influir de manera profunda en la vida de muchas personas. Eso es algo que puede entusiasmarte.

—¿De veras puedo?

—Claro. Todas las personas que trabajan para ti pasan más tiempo en el trabajo que en su casa. Cada mañana dejan a la familia y vienen aquí a ayudarte a construir tu sueño. Imagínate... Te dan algunas de las mejores horas de los días de su vida. De modo que, a cambio de este don, ¿y si te esforzaras en hacer lo necesario para crear un lugar de trabajo donde fuera posible volver a ser humano? Imagínate lo que significaría para tus empleados si estar en su lugar de trabajo fuera una alegría y pudiesen crecer, aprender y hacer uso de su creatividad natural. ¿Y si dieras prioridad a hacer que su trabajo resultase divertido y moldeases la cultura para que fuese un lugar donde los valores nobles fueran la norma? Si quieres, puedes crear esta clase de cultura en cada uno de tus maravillosos hoteles. Lo único que se necesita es tiempo, esfuerzo y un poco de innovación. Estuve recientemente en Londres y me alojé en el hotel de Ian Schrager en Saint Martin's Lane. Es el ejemplo ideal de un lugar donde la gente se divierte, es innovadora y disfruta con su trabajo. Y he de decirte que su pasión resultó contagiosa. Lo pasé muy bien allí. Recuerda, *a las personas les encanta hacer negocios con personas a las que les encanta hacer negocios.*

—Sí, eso es verdad —comenté.

—Imagínate lo lleno de energía que te sentirás al saber que estás creando un lugar especial para que unos seres humanos trabajen y hagan negocios en él. Y si cambias un poco tu percepción, puede que no solo descubras esta causa al servir a las personas que trabajan para ti. También puedes generar una enorme cantidad de entusiasmo y compromiso emocional al pensar en lo que puedes hacer por cada cliente que cruce tus puertas. Por medio de tus esfuerzos y los de tus colaboradores, puedes crear recuerdos hermosos. Puedes hacer que rían y se encuentren a gusto. Muchos de ellos están de vacaciones y tú puedes aportar mucha alegría a su vida poniendo de manifiesto tus mejores cualidades. Imagínate despertar todas las mañanas y dedicarte a crear «experiencias inolvidables» para tus clientes. ¿Te haría ilusión?

—Decididamente. Me siento inspirado y entusiasmado con solo pensar en la oportunidad. Y cuanto más profundizo en compromisos de este tipo, más veo subir mis niveles de entusiasmo. Ahora comprendo por qué duermes menos que la mayoría de nosotros: estás conectado y comprometido con un propósito especial. Y es obvio que tu «causa», como tú la llamas, te nutre y te llena de energía.

—Sí, Dar. Me da esperanza y me da *tanta* energía. *Una causa que defender, ya se trate de crear experiencias increíbles para los hombres y las mujeres que son tus clientes o de salvar el mundo, desata energía.* Una idea importante que hay que recordar. Cuando conectas con algún objetivo principal que aprovecha lo más elevado y mejor que puedes dar, la mayor parte de ti percibe que estás dedicando tu vida a algo que merece la pena. Tu corazón empieza a abrirse y a latir con fuerza como nunca lo había hecho. Verás, amigo mío, la inteligencia, aunque es útil para trazar planes, reflexionar y aprender, a menudo es restrictiva. La cháchara mental que llena la mente de la mayoría de las personas se refiere principalmente a por qué no deberíamos hacer algo y a las consecuencias adversas del fracaso. Con demasiada frecuencia la mente hace que sigamos siendo pequeños. *El cora-*

zón y las emociones son los libertadores. *Nos impulsan a tratar de alcanzar la grandeza. Crean entusiasmo y pasión e invitan a nuestro yo más grande a entrar en acción.*

—Veo muy bien el valor de lo que estás compartiendo. Me imagino que descubrir una causa o una cruzada es también lo que ayuda a las personas a superar las malas rachas.

—¡Muy bien dicho! —exclamó Julian—. Caramba, eres un alumno maravilloso, Dar... uno de los mejores que he tenido. —Se acercó a un sencillo florero de plata y aspiró la fragancia de la única rosa que había en él—. Leonardo da Vinci dijo con mucho acierto «Fija tu rumbo en una estrella y podrás capear cualquier temporal». Una vez sabes cuál es tu principal objetivo en la vida, la misión central de la que hablo, ese objetivo será tu estrella polar y te guiará en los tiempos buenos y en los malos.

Julian hizo una pausa y se mesó el pelo con una de sus manos bronceadas.

—Perdona que me salga un poco por la tangente al responder a tu pregunta sobre por qué duermo menos, pero sé que te das cuenta de que lo que acabo de compartir contigo es importantísimo para la creación de tu mejor vida. Encuentra tu causa y luego haz tu trabajo con orgullo y amor; el amor es una fuerza increíble a favor del bien. Hazlo con devoción a la excelencia. El mundo te recompensará de maneras inimaginables.

—Orgullo, amor y devoción a la excelencia... me encantan estos términos.

—El orgullo *positivo* es un elemento muy importante en la creación de una vida bella. Mahatma Gandhi dijo una vez: «Por insignificante que sea la cosa que tengas que hacer, hazla tan bien como puedas, dedícale tanto cuidado y tanta atención como dedicarías a la cosa que considerases la más importante de todas. Porque por estas cosas pequeñas se te juzgará». He aquí la secuencia, Dar: cuando te dedicas a la excelencia en *todo* lo que haces, desde tu papel como líder aquí en el trabajo hasta tu papel como padre en tu vida personal, empiezas a experimentar una sensación mayor de orgullo positivo por la forma en que llevas tus días. Esto, a su vez, incrementa el autorrespeto y la confianza y, a su vez, estas cosas liberan más energía y pasión. Las «ansias de vivir» de las que te hablé antes empiezan a actuar. Empiezas a sentirte satisfecho de ti mismo. Las personas que se sienten satisfechas de sí mismas trabajan muy bien y crean grandes cosas. Y esto, a su vez, las empuja a elevar todavía más sus niveles de excelencia. Es una espiral ascendente que lleva a las personas a lugares cada vez mayores de alegría, sentido y paz interior.

—Oír esto realmente me inspira, Julian —dije, sentándome en el elegante sofá de diseño que había cerca del gran ventanal—. Ahora déjame hacerte una pregunta: ¿Tenemos todos una vocación *específica* que es nuestra obligación descubrir y luego seguir si queremos vivir una vida auténtica?

—Gran pregunta, amigo mío. Nadie conoce realmente la respuesta, ¿verdad? Pero muchos pretenden conocerla, si lees todos esos libros cuyos autores escriben como si tuvieran una conexión directa con la fuente de toda creación. A menos que estés iluminado, no puedes conocer la respuesta; lo mejor que puedes hacer es descubrir una manera de comprender cómo funciona la vida que a ti te parezca acertada. Personalmente he llegado a creer que existe un plan muy general para nuestra vida que se ha escrito con anterioridad a ella. Llámalo destino si quieres. Dicho esto, también creo que cada uno de nosotros tiene una *increíble* posibilidad de elegir la forma en que acabará desarrollándose su vida y nuestro destino último lo crean nuestras decisiones específicas. Es casi como si el sabio arquitecto del cielo hubiera trazado un plano o esquema aproximado de nuestra vida y a nosotros nos correspondiera añadir los detalles. Necesito decirlo otra vez: tenemos toneladas de influencia sobre el cariz que acabará tomando nuestra vida. Podemos tener la vida con que soñamos, de tantas maneras. No cabe ninguna duda de que como seres humanos no podemos controlar todo lo que nos sucede... esa es la parte que corresponde al destino. La vida sigue su propio rumbo. Pero sobre lo que sí tenemos un control enorme es sobre nuestra forma de responder a lo que nos envía la vida. Así que esa es la asociación: *haz todo lo posible, lo mejor que sepas hacer en todas las dimensiones de tu vida, y luego deja que la vida haga el resto. Es realmente un equilibrio delicado entre hacer que suceda y dejar que suceda.* Realmente podemos forjar nuestra propia suerte, muchas veces, y las cosas buenas generalmente les suceden a las personas que hacen cosas buenas. No es que la vida se desarrolle de acuerdo con un plan y que lo que tú hagas no cambie nada. Eso es una tontería y un mito que fomentan las personas que temen asumir la responsabilidad personal de la dirección de su vida. Pero una vez has hecho absolutamente todo lo posible, *déjalo y confía en que lo que venga es perfectamente apropiado para el crecimiento que necesitas con el fin de convertirte en tu mejor yo.*

—Lo cual es en realidad lo que has estado sugiriendo que era el propósito de la vida, Julian, ¿correcto?

—Sí, creo que el propósito de la vida son el crecimiento y el autorrecuerdo. Crecer hasta recordar y convertirnos en las criaturas brillantes que éramos al principio, en el momento de nacer... antes de cargar con toda la porquería que hay en el mundo que nos rodea y que ensució nuestra perfección. Antes de que nos maleáramos y olvidáramos la verdad sobre quiénes somos y las cosas bellas y valerosas que estamos destinados a hacer.

—Sigo sin estar seguro del todo de si tenemos una vocación o destino *específico*, Julian. Sé que es un tema complicado y una gran pregunta, pero es importante para mí. ¿Hay un trabajo específico que yo esté destinado a hacer? ¿Hay una mujer específica, un alma gemela, que esté destinado a encontrar? ¿Podrías, por favor, hablar un poco más de esto?

—Tienes razón… son cuestiones muy difíciles. Haces bien en preguntarme estas cosas —dijo Julian visiblemente complacido. Se me acercó y me dio unos golpecitos en la espalda al tiempo que sonreía afectuosamente.

»En primer lugar, déjame decir otra vez que, en muchos sentidos, tus preguntas no tienen respuesta. Estás tratando de comprender lo que no es comprensible con nuestra limitada percepción humana. Pero el hecho de que hagas preguntas significa que estás ahondando y pensando en una filosofía de la vida que responda a tus necesidades. Mientras que una parte de mí quiere decir que son sencillamente los misterios de la vida, otra parte quiere decirte que el instinto me hace pensar que conozco las respuestas que andas buscando. Y te ruego que tengas en cuenta que los sabios que conocí en la India eran almas iluminadas que descubrieron muchas de las verdades a las que los seres humanos normales y corrientes aún no han podido acceder, así que gran parte de lo que te digo procede de una fuente muy digna de confianza.

—Lo comprendo —dije, un poco impaciente por oír una serie de secretos poco conocidos que cambiarían mi comprensión para siempre.

—He aquí la manera en que creo que funciona todo. Se han escrito para nosotros muchas sendas posibles para llegar a nuestra mejor vida. Hay muchas puertas para entrar en la mansión de la felicidad absoluta. Del mismo modo que hay muchas rutas que puedes seguir para volver a casa después del trabajo, hay también muchas rutas para llegar a tu vida más grande, la vida que te ha sido destinada... y llegar a ella viene ser como volver a casa. Hay muchos trabajos que puedes hacer para llegar a tu destino. De modo parecido, hay a tu disposición muchas almas gemelas y cada una de ellas ofrece lecciones diferentes, pero todas pueden ayudarte a crecer y despertar tu mejor yo. Alcanzar tu yo más elevado y tu vida más grande es el propósito principal de la vida. Volver al lugar de brillantez, amor y valor que has olvidado es la razón de tu existencia. Ahora bien, de ti depende escoger la ruta o senda en tu intento de llegar a tu vida auténtica. Ninguna senda es mejor que la otra... sencillamente parecen distintas. Tomar una de ellas podría significar un viaje más largo, del mismo modo que elegir determinada ruta para volver a casa puede significar que tengas que recorrer una distancia más larga y que encuentres más baches en los caminos. Tomar otra senda podría ser como escoger una vía rápida para llegar a tu destino, sin baches y bajo un cielo azul y despejado. De ti depende. Lo determinan en gran parte las decisiones que tomes en tus días. *Tú eres el coautor del guión que se ha escrito para la historia de tu vida, amigo mío.*

—De acuerdo, Julian, así que ahora necesito preguntarte: ¿Qué hay que hacer para tomar las rutas rápidas que nos lleven al lugar donde debemos estar, de acuerdo con ese plan aproximado y general que, según tú, se ha escrito para nuestra vida?

—*Basta con hacer el bien y ser bueno* —fue la respuesta directa—. Este mundo nuestro funciona de acuerdo con una serie de leyes naturales inmutables, leyes creadas por la misma fuerza de la naturaleza que creó el mundo y te envió aquí. No puedes jugar a un juego como el fútbol sin conocer el reglamento. Pues la vida es como un juego también. Y para jugar y ganar es esencial que te aprendas el reglamento. Vive tu vida de acuerdo con el reglamento y tu vida irá bien. El universo quiere que ganes, ¿lo sabías? Sencillamente necesitas olvidar tu propio método y aprender el reglamento tan rápidamente como puedas. Y aprender el reglamento del juego exige un poco de esfuerzo, pensar profundamente en lugares silenciosos y una disposición sincera a ser un filósofo.

—¿Ser un filósofo? —pregunté.

—Desde luego. La definición de «filosofía» es «amor a la sabiduría». Todo el mundo, si alberga la esperanza de recorrer la senda de sus destinos hasta llegar a su vida más grande, debe cultivar el amor a la sabiduría y el deseo de comprender en qué consiste la vida. Este mundo sería un lugar mucho mejor si todos empezáramos a vernos como filósofos que de forma reflexiva e ingeniosa estuvieran entregados a la tarea de esculpir una vida más deliciosa y llena de sentido. Así que, volviendo a estas leyes naturales y eternas, gobierna tus actos cotidianos de acuerdo con ellas y automáticamente tomarás la vía rápida para llegar a tu vida más grande. Haz caso omiso de ellas y tomarás la ruta larga para volver a casa.

—¿Cuáles son estas leyes naturales, si puede saberse? —pregunté, ansiando saber más.

—Son las leyes que han gobernado la marcha del mundo desde su creación. Incluyen principios fundamentales como, por ejemplo, «ayuda siempre a los demás a conseguir lo que quieren mientras tú consigues lo que quieres», «sé de una integridad impecable», «vive en el momento presente», «conviértete en la persona más amable que conozcas», «haz todo lo posible y sé excelente en todo lo que hagas», «sé fiel a ti mismo», y «sueña valerosamente». La mayoría de nosotros las conoce, pero pocos vivimos de acuerdo con ellas. Es como lo que dijo Voltaire: «El sentido común es cualquier cosa menos común».

—Eso es verdad, Julian. Hoy día apenas concedemos valor a lo que no sea complejo y sutil. Sin embargo, la mayoría de las verdades son en realidad sencillas, ¿no es cierto?

—Si no fuera sencilla, no sería una verdad —replicó sabiamente Julian.

—Ahora dices «Gobierna tus actos de acuerdo con estas leyes naturales y tomarás la vía rápida para llegar a tu vida más grande. Haz caso omiso de ellas y tomarás la ruta larga para volver a casa». ¿Estás, pues, diciendo que los que encontramos dolor y sufrimiento en nuestro viaje por la vida (¿y quién no encuentra algunas dificultades por el camino?) hemos infringido una ley natural que nos ha hecho salir de la vía rápida y seguir una de las vías más lentas y más llenas de curvas?

—Mira, Dar, como has señalado, todas las personas de este planeta pasan por momentos buenos y momentos malos, aunque vivan como santos. Los acontecimientos dolorosos nos ayudan a aprender las lecciones que necesitamos aprender en ese punto de nuestra senda. Las experiencias tristes nos ayudan a curarnos, a ser más profundos y más filosóficos. Nadie puede evitarlos porque nadie es perfecto. Así pues, ser imperfecto, aunque vivamos una vida amable, noble y valerosa, significa que todavía nos quedan muchas lecciones por aprender, ¿de acuerdo?

—Perfectamente de acuerdo —dije con una sonrisa, poniendo en evidencia las palabras de Julian.

—Así que incluso los más despiertos entre nosotros siguen encontrando dolor y sufrimiento porque estas experiencias vienen para ofrecer las lecciones específicas que se necesitan para subir al siguiente nivel de comprensión y evolución. «No hay ningún error, ninguna coincidencia. Todos los acontecimientos son bendiciones que se nos dan para que aprendamos de ellas», dijo Elisabeth Kübler-Ross. ¿Ves ahora por qué tanto el dolor como el sufrimiento son maravillosos y necesarios?

—Sí.

—Un sabio lo dijo de forma brillante cuando reconoció que la vida es como un río con dos orillas. En una orilla encontraremos la felicidad y en la otra, las penas. Al avanzar por el río, es inevitable que rocemos ambas orillas. El verdadero secreto consiste en no permanecer demasiado tiempo encallado en ninguna de las dos.

—Eso está bien. Me gusta mucho esa metáfora, Julian. ¿Así que nadie tiene una vida sin problemas y tristeza porque estas cosas vienen a enseñarnos lecciones y cada uno de nosotros, por evolucionados que estemos, tiene lecciones que aprender?

—En efecto. Las únicas personas sin problemas y adversidades están un metro ochenta bajo tierra. Vivir es hacer frente a problemas, dolor y sufrimiento. Estas cosas son vehículos del crecimiento, la expansión y el aprendizaje de toda una vida. Las tribulaciones de la vida no son más que oportunidades de adquirir sabiduría y de recordar más nuestro potencial auténtico, si queremos. Pero no olvidemos que toda vida tendrá su parte de triunfos y momentos hermosos también. Ninguna dificultad dura. Ningún revés es para siempre. Ninguna desgracia es eterna. Puede que parezca que nunca nos dejarán en paz cuando las experimentamos, pero eso no es verdad. La vida tiene sus estaciones, sus capítulos, si quieres. Y los tiempos difíciles son en esencia los tiempos que nos esculpen y convierten en algo mejor. La verdadera lección que hay que aprender, sin embargo, es *que si optamos por prestar atención a estas leyes naturales de las que hablo y vivimos nuestra vida de una manera que las respete profundamente, pasaremos mucho más tiempo en la vía rápida que en las desviaciones que están llenas de dificultades y dolor.* Está claro que *de esta manera podemos minimizar la magnitud de nuestro sufrimiento.*

—Así pues, si el sufrimiento viene para enseñarnos lecciones que necesitamos aprender, tales como «sé mejor persona» o «deja de tomarte la vida como una cosa pequeña», si comprendemos estas verdades o «leyes», como tú las llamas, no hay necesidad de que las aprendamos de forma dolorosa. Experimentaremos menos sufrimiento en nuestra vida, porque el sufrimiento solo se presenta cuando nos desviamos de las leyes que rigen el mundo. Así que *podemos* ejercer mucha influencia en el rumbo que siga nuestra vida.

—¡Excelente, Dar! —exclamó Julian, alzando un puño en el aire en señal de felicidad—. Pero recuerda que aún podrías experimentar dificultades porque, como somos imperfectos, siempre habrá lecciones que deberás aprender y a veces estas lecciones duelen. Así es la vida. Pero, sí, podemos reducir el sufrimiento en nuestra vida haciéndonos absolutamente responsables de nosotros mismos y tomando decisiones sabias a cada hora. De esta manera forjamos nuestro destino y tenemos el potencial para vivir una vida mucho más feliz.

»Oh —prosiguió Julian acercándose al reproductor de compactos y examinando los que había encima de él—, *el universo no ignora los anhelos de tu corazón*. La parte del plan que ha sido escrita para ti nunca te obligaría a hacer algo que fuese malo para ti. De lo que se trata es de que seas feliz. Tu destino nunca te llevará a hacer algo que te llene de infelicidad. Si te encanta hacer negocios, el plan probablemente no hará que el trabajo de tu vida se centre en ser médico o actor. Si a alguien le encanta ser escritor, si su corazón se remonta en el aire cuando se sienta ante el ordenador y escribe con gran convicción y pasión, como si nada más importara, no es probable que el propósito de su alma consista en hacerse vendedor a domicilio. *El universo realmente quiere que ganes. El plan es que seas verdaderamente muy feliz.*

Julian me enseñó algunos de los compactos de su colección, como un niño que compartiera sus juguetes favoritos con un buen amigo. Tenía *Parts of the Process*, de Morcheeba, *A Rush of Blood to the Head,* de Coldplay, un superventas de Bon Jovi y dos que yo nunca había visto: uno de un grupo llamado Our Lady Peace titulado *Gravity* y otro de Lloyd Cole titulado *The Negatives.*

—Tus gustos musicales son muy eclécticos, Julian. Debes de ser el monje más en la onda que hay en el planeta.

Mis palabras le hicieron reír. Su rostro se iluminó.

—Es lo que te he dicho, Dar, la música hace cantar a mi alma. Es uno de los placeres más dulces de mi vida. Paso mucho tiempo en las tiendas de discos y las librerías. Música y libros. Dos de mis placeres más grandes.

Sobre la cama de Julian, que estaba sin hacer, había tres libros que parecían rotos de tanto leerlos: *Pensamientos*, de Marco Aurelio; *El vendedor más grande del mundo,* de Og Mandino; y uno que llevaba un título curioso: *El santo, el surfista y el ejecutivo.* ¡Los títulos que se les ocurrían a algunos de estos autores nunca dejaban de asombrarme! Había pocas prendas de vestir en la habitación. Su mochila estaba en un rincón. No había ninguna duda de que Julian vivía sencillamente.

Julian cogió unos pantalones cortos de color caqui, una camiseta de color blanco con mangas y un par de sandalias. Vi que había comprado las sandalias en The Gap. Cada vez resultaba más claro que, si bien Julian tenía pocas pertenencias y viajaba por la vida con poco equipaje, no era uno de esos espiritualistas que rechazaban el mundo real y creían que la única ruta para llegar a la iluminación era el ascetismo. No se arrepentía de su amor por los placeres que ofrece este mundo. Su filosofía general me parecía muy equilibrada. Equilibrar la cabeza con el corazón. Equilibrar el ir en pos de sueños y hacer que sucedieran cosas con el dejar que las cosas sucedieran y confiar en el plan superior. Equilibrar la conciencia de que el propósito de la vida es volver a nuestro yo espiritual con el reconocimiento de que somos seres humanos con diversas imperfecciones, que residen en un mundo donde hay muchos placeres preciosos que pueden, y deberían, saborearse sin sentirse culpable. *En esencia, me parecía que Julian creía que la llave de oro para acceder a una vida hermosa era equilibrar el Cielo y la Tierra. Y yo tenía la sensación de que acertaba.*

Julian tomó el libro de Og Mandino y señaló una línea que aparecía marcada con tinta amarilla.

—Toma, lee esta verdad que es una joya, amigo.

La línea era sencilla, como yo acababa de aprender que son todas las verdades. Decía: «No estoy en esta tierra por casualidad. Estoy aquí por una razón y esta razón es crecer y convertirme en una montaña y no encogerme hasta quedar reducido a un granito de arena».

—Gracias, Julian —dije en voz baja—. Gracias por salvarme la vida.

CUATRO

El buscador sabe del crimen de la autotraición y cómo quitarse las cadenas

> Acaricia tus visiones; acaricia tus ideales; acaricia la música que se agita en tu corazón, la belleza que se forma en tu mente, la hermosura que envuelve tus mejores pensamientos, pues de ellas nacerán todas las condiciones deliciosas, todo el entorno celestial; de estas, si permaneces fiel a ellas, por fin se construirá tu mundo.
>
> JAMES ALLEN,
> *As You Think*

> ¿Cómo puedes titubear? ¡Arriésgate! ¡Arriesga cualquier cosa! No sigas preocupándote por la opinión de los demás, por aquellas voces. Haz lo más difícil de la tierra para ti. Actúa por ti mismo. Afronta la verdad.
>
> KATHERINE MANSFIELD

Julian sabía que estaba absorto en mis pensamientos y me dejó a solas durante unos momentos, como si me permitiera procesar todo lo que me había ofrecido. Mientras él iba al lavabo, me puse a cavilar sobre la forma en que había dirigido mi vida todos estos años. Podía oírle cantar mientras el agua manaba del grifo.

Una gran sensación de arrepentimienro empezó a formarse dentro de mí mientras reflexionaba sobre los numerosos errores de mi pasado. En vez de aprovecharlos para fomentar el crecimiento y el aprendizaje, había cerrado los ojos ante las lecciones que se desprendían de ellos, sin ver la oportunidad que me brindaban y revolcándome en la autocompasión. Me entristecía no haber conocido la filosofía de Julian mucho antes y no haber vivido una vida más acorde con las leyes naturales de las que hablaba. Había dejado pasar tantos años preciosos, años que hubiera podido emplear en andar por la senda que llevaba a mi vida mejor y más verdadera en vez de malgastar el talento y los dones que había recibido en una vida dedicada a satisfacer las expectativas de los demás. La multitud me había tragado y yo casi le había permitido que me destruyera.

Al salir del lavabo, Julian me abrazó. Se daba cuenta de lo que me estaba pasando.

—«El perdón es el fruto de la comprensión», dijo el sabio monje Thich Nhat Hanh. Estás exactamente en el lugar de tu senda donde tienes que estar. Al crecer esa comprensión, así como tu conciencia de cómo se desarrolla la vida, aparecerá dentro de ti una bella sensación de autoperdón. Eres demasiado duro contigo mismo —dijo dulcemente Julian, sorprendiéndome con la hondura de su capacidad de intuición.

Me condujo fuera de la habitación. Hermosas obras de arte colgaban de las paredes del pasillo y una música suave salía de una serie de altavoces muy bien disimulados. Parecía que la mayor parte de los huéspedes del hotel aún estuvieran durmiendo.

—Dime más cosas, Julian —pedí, sintiéndome preparado para oír más muestras de la profunda sabiduría que mi brillante aunque heterodoxo entrenador de mi vida estaba compartiendo conmigo.

—Muy bien, amigo —replicó al entrar los dos en el ascensor—. Una persona que juega su partida más grande como ser humano, esto es, que vive de acuerdo con su potencial más grande y anda por la senda de su misión auténtica, es una persona que está enamorada de sí misma —dijo—. *Vivir una vida excelente es una manifestación de autoamor.*

—Nunca lo había pensado —dije.

—Alguien que dirige su vida como si fuera una de las personas más grandes del planeta, un verdadero peso pesado, es alguien que no solo tiene enorme autorrespeto, sino también alguien que respeta profundamente la fuerza de la naturaleza que le creó. Hoy se habla mucho de «vivir en el momento» y «saborear el ahora». No me interpretes mal, eso es *esencial* para vivir bien. Creo en ello y lo acepto sin reservas. Incluso me habrás oído decir cosas así en el poco tiempo que llevamos juntos. *Pero todo es un equilibrio,* y no hay absolutamente nada malo en dedicar también tiempo a tratar de alcanzar las estrellas y hacer que el talento que llevas dentro brille *en grande. De hecho, cuando te fijas grandes objetivos y persigues grandes sueños estás ocupado en un enorme acto creativo. Estás utilizando tu imaginación y tus capacidades para construir algo maravilloso. Eso es creatividad en acción.*

—Bonita percepción. Realmente nunca pensé que perseguir mis objetivos más importantes fuera un acto creativo. Pero lo es, ¿no es cierto? Supone crear algo partiendo de la idea inicial y nada más. Construir un nuevo negocio o lanzar un nuevo producto o cultivar una pasión real no es diferente de lo que hace un artista cuando transforma la visión que tiene en su mente en una bella obra de arte.

—Sí. Y al crear las vidas de nuestros sueños, ¿adivinas cuál es nuestro modelo?

—Ni idea.

—Tomamos por modelo la fuerza infinitamente poderosa que creó el mundo entero. Llámala «Dios», «el universo» o «la naturaleza»… la etiqueta que le pongas no es más que una palabra y no quiero saber nada de etiquetas. Lo importante es que cuando vas detrás de lo que quieres, con amor y entrega total, haces uso de la energía que creó las estrellas y los mares. En tu vida entra una especie de magia y suceden cosas que escapan a tu comprensión. Aparecen señales que indican que vas por buen camino. Al volver a casa en coche encuentras diez semáforos en verde seguidos, justo cuando te estás preguntando si la persona a la que has tenido el valor de invitar a salir contigo es la que te conviene. O da la casualidad de que la persona apropiada te llama en el momento oportuno y te ayuda a decidir si el trabajo con el que estabas luchando es el mejor para ti. O encuentras la solución ideal de un problema difícil en un libro que te has puesto a hojear en la sala de espera del dentista que va a limpiarte los dientes. Hay un antiguo dicho que reza: *«Dios se vale del sincronismo para permanecer anónimo»*.

—¡Muy buena, Julian!

—¡Si lo sabré yo! —dijo, seguro de sí mismo, al salir del ascensor. El sol entraba por los grandes ventanales y las margaritas que llenaban el vestíbulo daban al espacio un aspecto magnífico. Me sentía orgulloso de ese hotel y lo que representaba. Estaba contento de lo que había creado aquí.

—Cuando haces todo lo posible y te entregas a la excelencia el universo te apoya y pone viento debajo de tus alas. Ve un ser humano que trata de alcanzar sus ideales y convertirse en lo que está destinado a ser. Un esfuerzo así nunca pasa desapercibido a los ojos que vigilan el mundo. Ahora bien, recuerda que no todo saldrá como quieres que salga. Entra en juego una inteligencia superior cuya lógica con frecuencia no podemos comprender. Pero si sencillamente sigues haciendo todo lo posible y dejas que la vida haga el resto, si aceptas lo que venga, a sabiendas de que es lo que más te conviene, la vida irá maravillosamente. Mejor de lo que esperabas, de hecho.

Mientras yo asimilaba estas palabras, Julian se tumbó en el suelo del vestíbulo y empezó a hacer unas extrañas maniobras. Los empleados de recepción le miraron y empezaron a reír en silencio. Maria estaba extasiada. Desde luego, Julian era muy suyo. Prestaba poca atención a lo que los demás pensaban de él. Estaba claro que hacía lo que juzgaba más conveniente para él. Vivía la vida de acuerdo con sus propias condiciones. Y, tal como me había enseñado, ese era el significado *real* del éxito.

—Estoy haciendo el perro de cara al suelo. El yoga es una de las prácticas que uso cada día para conservar el vigor y estar en buena forma física. Deberías probarlo. Existe desde hace miles de años por una razón: surte efecto. Oye, si Madonna y Sting tienen fe ciega en él, no puede ser tan malo, ¿verdad? —dijo con una sonrisa, concentrándose en la postura, los músculos tensos a causa de los movimientos que hacía con gracia.

Después de permanecer en aquella postura unos momentos, se puso en pie y siguió hablando:

—Bueno, como te he dicho, demasiados espiritualistas de hoy sufren de una enfermedad que yo llamo «apatía espiritual». Te dirán que no sigas tus sueños ni tengas demasiadas aspiraciones, que eso controla tu destino y fuerza los resultados. ¡Qué tontería! —dijo Julian agitando los brazos en el aire con gesto dramático.

»Sí, como espero haber dejado claro desde el principio, los que viven sus mejores vidas, las vidas que el destino deseó para ellos, han logrado encontrar un equilibrio delicado entre hacer que suceda y *dejar* que suceda. Estoy de acuerdo en que esforzarse *demasiado* no es nada más que nadar a contracorriente y forzar los resultados. Pero demasiados buscadores espirituales parecen creer que trabajar con ahínco, ser disciplinado y tratar de conseguir lo que quieres no es sano ni espiritual. Nada podría estar más lejos de la verdad. Fijar objetivos, administrar bien tu tiempo y correr riesgos calculados para lograr lo que quieres es, de hecho, *muy espiritual* porque lo que haces es aplicar a una buena causa el talento y el potencial que se te han otorgado. Puede que las personas que creen lo contrario se encuentren en el otro extremo de los fanáticos del trabajo que hay en el mundo, pero sus puntos de vista siguen siendo extremos y desequilibrados. Y, en lo que a mí se refiere, el extremismo en todas sus formas es insano.

—¿Es posible que una persona sea *demasiado* espiritual?

—Desde luego. Quedarte en tu habitación y meditar o rezar para que la vida de tus sueños se haga realidad no va a darte la vida de tus sueños y creer lo contrario no es más que entregarse al pensamiento mágico. Es engañarse, de hecho. Ya te he dicho que creo que existe un plan general que rige nuestro destino; fue escrito antes de que viniéramos al mundo. Dicho esto, a los seres humanos se nos concede libre albedrío por una razón: *para que demos los pasos necesarios para que nuestro destino cobre vida.* Hay muchos espacios en blanco que tenemos la facultad de llenar y muchos puntos que conectar. Debes hacer el esfuerzo y los sacrificios que se requieren para vivir la vida de tus sueños. Debes ser disciplinado y tomar decisiones acertadas. Las acciones tienen consecuencias y para recoger la cosecha con la que sueñas, debes sembrar las semillas. Es otra de las leyes de la naturaleza. Y si no me crees, habla con cualquier agricultor próspero. Te dirá que en sus campos no crece nada sin trabajar mucho y sembrar con diligencia. Si se pasara la vida sentado meditando o rezando, perdería sus tierras.

—Me parece lógico —dije—. No me imagino al destino llamando a mi puerta sin hacer yo nada para atraerlo. Estoy de acuerdo contigo, Julian, cuanto más pienso en ello: no nos hubieran dado poder personal, como seres humanos, si no se quisiera que lo ejerciéramos.

Salimos al aire fresco de primera hora de la mañana.

—Exactamente, Dar. Todos los dones que hemos recibido, y todos nosotros tenemos dones, se nos han dado por una razón. Cada uno de estos dones que hemos recibido va acompañado de la responsabilidad de esculpirlo y potenciarlo y luego aplicarlo en el mundo para enriquecer la vida de otras personas. Las personas que no están dispuestas a fijar una intención para todo lo que quieren de la vida y luego perseguirla *audazmente* son en esencia personas en cuyo interior hay mucho miedo. Están asustadas. Tienen problemas que deben curarse y sombras que deben examinarse.

—¿Qué clase de miedos pueden dominarlas, Julian?

—El miedo al fracaso, el miedo al éxito, el miedo a lo desconocido, el miedo al rechazo, el miedo a ser diferente, el miedo a no hacerlo suficientemente bien… Podría nombrar más. Cualquiera que no esté haciendo todo lo posible, jugando su mejor partido y viviendo de acuerdo con una pauta de excelencia es, en algún nivel fundamental, una persona en cuyo interior hay miedos que deben curarse. Ahora bien, es necesario que esto quede claro: no hay ni una sola alma en el mundo que no tenga algún temor que le impide vivir su potencial más verdadero. Como ya te he dicho, la condición de ser humano es imperfecta y gran parte de la imperfección nace de los temores que hemos recogido al abandonar la perfección de nuestra naturaleza original y salir al mundo.

—Así que todo eso que dice tanta gente hoy día sobre «olvidarse de los resultados» y «centrarse en el presente» demuestra miedo, ¿verdad?

—No del todo, Dar. La filosofía, en teoría, es acertada, *pero la forma en que la ponen en práctica no lo es*. Recuerda la frase que te he enseñado: *haz todo lo posible y luego deja que la vida haga el resto*. Persigue tus sueños. Haz todo lo que puedas *por* construir la vida que quieres. Visita los lugares que te dan miedo y no te acobardes ante la grandeza que el corazón te dice que estás destinado a presentar al mundo. Y cuando hayas hecho *todo* lo posible, como ser humano, para que tus deseos se hagan realidad, entonces, *y solo entonces*, olvídate de los resultados. Después de cumplir con tu parte de la ecuación dándote por completo, relájate y acepta lo que recibas a cambio. Has hecho todo lo que has podido. Has actuado responsablemente y has hecho las mejores jugadas y tomado las decisiones más elevadas que estaban a tu alcance. Ahora deja que el poder superior se haga cargo y te lleve a donde estás destinado a ir. Deja que la vida te lleve a la senda de tu destino. Es en este punto donde necesitas sencillamente relajarte y rendirte.

—De acuerdo, empiezo a entenderlo. Es otra vez lo del equilibrio. Necesito hacer mi parte y luego la vida o la naturaleza o la Inteligencia Infinita o Dios, como queramos llamar al poder superior que en definitiva tiene el control, hace el resto. Y debo entender que lo que venga vendrá por una razón.

—De hecho, vendrá para hacerte el mayor bien y llevarte a donde necesitas ir. *Si lo has hecho tan bien como has podido y has vivido de acuerdo con las leyes de la naturaleza, lo que venga será una bendición, aunque al principio parezca una maldición.*

—Ideas muy poderosas, Julian. Muy poderosas. Así que estos llamados espiritualistas y todo lo que dicen sobre dejarlo, vivir la vida sin objetivos y rendirse al momento son gente que en realidad está asustada. Optan por lo pequeño y dejan que sus temores gobiernen su vida. Están desequilibrados —comenté, tratando de destilar y resumir lo que Julian acababa de enseñarme.

—Sí. Para muchos de ellos su «espiritualidad» no es nada más que una máscara que llevan para proteger a los niños pequeños y asustados que hay dentro de ellos y llevan la voz cantante. Temen fracasar o no hacerlo lo bastante bien o que la senda sea difícil. Así que buscan excusas para eximirse de toda responsabilidad. Gobiernan su vida de acuerdo con las posiciones de los planetas o lo que algún adivino les diga que es su destino. No me interpretes mal, Dar; en la India aprendí que la astrología es una ciencia magnífica que puede ser muy digna de confianza. Se ha utilizado provechosamente durante miles de años. Pero es verdad que todo es una cuestión de equilibrio. Dirigir *completamente* mi vida de acuerdo con ella es hacerme la víctima. Echar la culpa de mis estados de ánimo, mis inacciones y mis errores a la forma en que están alineados los planetas es regalar el poder que se me ha dado como ser humano a los planetas, las lunas y las estrellas. Es una forma débil de vivir. *Recuerda que tú no eres tus estados de ánimo, sino una fuerza mucho mayor que ellos. Tú no eres tu psicología, sino un poder mucho más sabio que ella.*

—Lo que te oigo decir, Julian, es que no hacer lo necesario para perseguir la vida que se quiere, empleando en ello toda la capacidad humana, es, de hecho, *irresponsable* porque significa no utilizar los dones que se han recibido.

—Es como lo que mencioné en el camerino anoche, «la felicidad es nuestro derecho de nacimiento». Hemos sido programados para hacer cosas extraordinarias con nuestra vida y presentar dones excepcionales al mundo. Martin Luther King Jr. lo dijo bien: «Todo el mundo tiene potencial de grandeza, no de fama, sino de grandeza». Pero nos traicionamos a nosotros mismos. Somos pequeños y tímidos en nuestro vivir. Aceptamos el sistema de creencias con el que los que nos rodean nos enseñan a gobernar nuestra vida: «no te atrevas», «no sueñes», «no brilles demasiado o sobresaldrás... y fracasarás».

El día era soleado, perfecto, y el Ferrari atraía miradas de admiración de muchas de las personas que llegaban al hotel. Era un vehículo sensacional y parecía encontrarse en un estado inmaculado, a pesar de ser un modelo un poco antiguo. Julian sonrió al mirarlo.

—Vamos, amigo, daremos un paseo.

Nunca había subido a un Ferrari y estaba encantado con todos los aspectos de la experiencia sensual que ofrecía. Al instalarme en el asiento de color canela, cerré los ojos y me deleité con el olor del suntuoso cuero italiano. Al darle Julian al contacto, el vehículo soltó un rugido y cobró vida. Julian puso elegantemente la primera y nos alejamos a toda velocidad del hotel y de los curiosos que miraban el coche y a sus afortunados ocupantes.

Julian puso en marcha el reproductor de discos compactos y *Beautiful Day*, de U2, salió del soberbio sistema de sonido mientras cruzábamos las calles todavía tranquilas de la ciudad y salíamos a la autopista que nos llevaría al campo.

—Oye, Julian —dije—. ¿De quién es este coche, si puede saberse?

—Es un secreto —contestó sencillamente mientras daba golpecitos con los dedos siguiendo la música.

—¿No podrías decirme al menos adónde vamos?

—A las cuevas de Camden —replicó Julian pisando el acelerador. Tenía los ojos concentrados por completo en la carretera y su rostro reflejaba la alegría que sentía. Saltaba a la vista que le encantaba conducir el Ferrari.

Me habían hablado de las cuevas de Camden. Eran una serie de cuevas antiguas situadas junto a una cascada que arqueólogos y aventureros exploraban con frecuencia. No tenía la menor idea de por qué Julian me llevaba allí. Y no se lo pregunté.

—Ha llegado el momento de que empiece a entrenarte en las siete Etapas del Autodespertar, Dar. Lo de anoche y primera hora de esta mañana ha sido una lección preliminar. Lo estás haciendo estupendamente... sé que empezarás a ver grandes resultados en las próximas semanas y los próximos meses. Cuando te miro a los ojos puedo ver que estás comprometido. «Compromiso» es una palabra muy grande e importante para mí. Vivir una vida comprometida es algo increíblemente importante. «Compromiso» y «responsabilidad» son palabras que deben inundar el núcleo de tu ser. Debes pensar en estas palabras a menudo y atenerte a ellas.

—Te prometo que me las tomaré en serio, Julian —dije sinceramente.

—Las siete Etapas del Autodespertar es un proceso de notable potencia para vivir tu vida más grande y recorrer la senda que te llevará a tu destino. Las siete etapas son un proyecto para despertar tu mejor yo y manifestar el potencial que te ha dado la fuerza que te envió al mundo. Pocas personas del mundo de hoy son conscientes de estas siete etapas, pero esto cambiará pronto —dijo Julian con aire de misterio—. Las siete etapas reflejan la senda que todo buscador necesita recorrer para volver a su naturaleza original, es decir, el estado de mente, cuerpo y espíritu que experimentó por primera vez cuando era perfecto y puro.

—Y si paso por las siete etapas ¿cómo seré como persona? —pregunté, lleno de esperanza.

—Si pasas por las siete etapas, amigo mío, alcanzarás un estado del ser que comúnmente se denomina «iluminado». Solo un puñado de personas que han honrado el planeta antes de nosotros han llegado hasta el final de este proceso, pero también eso está a punto de cambiar. Cuando descubra este proceso de autodespertar que me dispongo a compartir, el mundo cambiará.

—Es una promesa increíble, Julian.

—Lo sé. También sé que aunque el sistema que estoy a punto de compartir contigo es sencillo de comprender, lo difícil es integrarlo en tu vida. Ahora bien, no me interpretes mal: no estoy diciendo que sea un sistema difícil de seguir. De hecho, algunas de sus partes son increíblemente fáciles. Es solo que tendrás que dedicarte a aprender el proceso y a persistir en él hasta que se convierta en una segunda naturaleza.

—De acuerdo, ¿cuáles son, pues, las siete Etapas del Audodespertar? —pregunté.

—La Primera Etapa es la etapa en la que actualmente se encuentra la mayoría de los habitantes del planeta. Es la etapa de vivir una vida inconsciente… de estar dormido al volante, por así decirlo. Esta etapa se llama «Vivir una Mentira» porque la gente que se encuentra en este comienzo de la evolución personal está atrapada en una mentira sobre la forma en que funciona el mundo y cómo existe ella dentro de él. Ahora bien, en modo alguno estoy juzgando a las personas que pasan toda su vida en esta etapa. ¿Quién soy yo para juzgar a otro ser humano? Pero no hago más que exponer un hecho cuando te digo que este es el nivel de conciencia más bajo en el que puede actuar una persona cuando se compara con las siete etapas. Verás, los que nos encontramos en la Primera Etapa no tenemos ninguna conexión con la verdad.

—¿Qué quieres decir, Julian?

—Pues, durante las próximas semanas compartiré contigo muchas verdades sobre cómo funciona este mundo nuestro y lo que debes hacer para encontrar el éxito *auténtico* en él. Ser inconsciente de las verdades es vivir una mentira. Ser inconsciente de qué es la vida y por qué estamos aquí es hallarse atrapado en una tergiversación. Y, desgraciadamente, este es el caso de la inmensa mayoría de la gente del planeta. Como te dije anoche, eso está cambiando muy rápidamente y pronto se producirá un cambio cuántico en el nivel de conciencia de la mayoría de la gente. ¿Viste la película *The Matrix*? —preguntó Julian.

—Sí. Los efectos especiales son muy buenos —reconocí.

—Dar, esa película era mucho más que los efectos especiales. La mayoría de la gente solo se fijó en los efectos especiales. Para muchos fue solo otra película de acción de Hollywood. Pero para los buscadores que hay entre nosotros, esto es, para los que buscamos respuestas a nuestras preguntas sobre por qué estamos aquí y sobre la verdadera naturaleza del mundo, *The Matrix* es una obra maestra de la filosofía. Es una película muy profunda. De hecho, me aventuro a decir que *The Matrix* es la película más filosófica de todos los tiempos.

—¿En serio? —pregunté, sorprendido por la afirmación de Julian.

—Totalmente en serio. Verás, como Morfeo explica a Neo en la película, todo este mundo nuestro, el mundo que vemos con los ojos de nuestro actual nivel de percepción, no es nada más que una ilusión. Es una mentira que nos contamos y nos vendemos a nosotros mismos. Ahora bien, en la película todo lo que los personajes piensan que es el mundo real resulta ser una alucinación generada por ordenador llamada la Matriz. Es la parte hollywoodiense, de ciencia ficción de la película. Este mundo nuestro no es, desde luego, una fantasía generada por ordenador. Pero lo que actualmente ves como el mundo real, amigo mío, *es solo una ilusión.*

—Me parece que no te entiendo, Julian. ¿Exactamente qué quieres decir con eso de que el mundo que veo no es lo que pienso que veo?

—Pues que la manera en que ves el mundo está en función de la manera en que te han enseñado a verlo. Desde que eras un niño pequeño te adiestraron y condicionaron a creer ciertas cosas. Por ejemplo, te dijeron que encajaras en la multitud y te comportaras como todos los demás. Te enseñaron a no cantar demasiado fuerte cuando fueses feliz y a no tener sueños demasiado grandes cuando te sintieras inspirado. Aprendiste que los que son diferentes no serían aceptados y que el conformismo te llevaría al éxito. Te enseñaron a no decir tu verdad y a no ser demasiado cariñoso o se aprovecharían de ti. Te enseñaron que los bienes y el poder externo te traerían felicidad duradera.

—¿Quién nos enseñó estas creencias?

—Tus padres. Tus maestros. Figuras religiosas. Tus amigos. La televisión y los demás medios.

—¿Y lo que me enseñaron es falso?

—Pues, en el mundo pasan muchas más cosas de las que es consciente la mayoría de la gente. O, déjame decirlo de mejor manera: tú no eres quien actualmente piensas que eres. Tienes mucho más poder y potencial internos de lo que te imaginas en tus sueños más imposibles. Estás destinado a grandes cosas. Mucho de lo que te han enseñado a creer sobre este mundo grande y bello es absolutamente erróneo.

—¿Por ejemplo?

—En primer lugar, *estamos todos conectados en un nivel invisible. Todos somos hermanos y hermanas que pertenecen a la misma familia. Que estamos separados es solo una ilusión. Los místicos y los sabios nos lo han dicho durante miles de años: estamos todos hechos de lo mismo, y cuando haces daño a otra persona también te haces daño a ti mismo.* Esta es una de las verdades fundamentales de la naturaleza y, a pesar de ello, con el limitado nivel de percepción de que disponen las personas en la primera etapa, la mayoría de la gente no puede verlo. Así que vivimos una mentira. Competimos unos con otros por lo que creemos que son recursos escasos. Nos nos apoyamos mutuamente. Acaparamos y nos apoderamos de cosas porque tenemos miedo.

—¿Miedo?

—Sí, tememos que si otro gana, nosotros debemos perder. Tememos que en el mundo no haya suficiente abundancia y prosperidad para todos. Tememos que si ayudamos de verdad a otra persona, de algún modo perderemos algo en lugar de ver la verdad que hay detrás de esta mentira, que es que cuanto más ayudemos a los otros, más abundancia habrá en nuestra vida. Una de las verdades eternas del universo puede exponerse de forma sencilla: *Cuando pasas de la compulsión de sobrevivir a un compromiso sincero con servir, tu vida no puede por menos de convertirse en un éxito.*

—Una frase muy convincente —comenté.

—Así que la primera etapa trata de esta autotraición a la que he estado aludiendo desde que nos encontramos por primera vez. Nacimos en la perfección: valientes, infinitamente sabios, con un potencial ilimitado y en un estado de amor puro. Y, debido al miedo a no encajar en la multitud, empezamos a *olvidar* nuestra naturaleza original y a adoptar las creencias, los valores y los comportamientos del mundo que nos rodea. Pero echa una mirada al odio que hay en el mundo que nos rodea. El mundo se ha extraviado y se encuentra en el estado más lamentable de toda la historia. Hoy día hay demasiado temor y demasiado odio en el planeta —señaló Julian con cierta tristeza—. Hay que tener mucha fuerza para abandonar la multitud y ser fiel a tu naturaleza original. Pero en eso consiste el liderazgo: en dejar la multitud y ser fiel a quien eres realmente. «No encuentras diamantes en almacenes, árboles de sándalo en hileras, leones en rebaños y hombres santos en manadas», dijo el místico Kabir.

—¿Por qué querría alguien traicionarse conscientemente a sí mismo y empezar a vivir una mentira?

—Excelente pregunta. Primero déjame decirte que cuando, de hecho, te traicionas a ti mismo, tu parte más honda sabe lo que estás haciendo. Todos tenemos un testigo, una parte profunda de conocimiento que vive en nuestro núcleo auténtico, que observa *todo* lo que hacemos. Este lugar de conocimiento es lo que comúnmente se llama la conciencia. Cuando no vivimos de manera auténtica el testigo lo ve. Cuando engañamos o mentimos o actuamos de forma egoísta el testigo lo ve. Cuando nos deshonramos a nosotros mismos, viviendo una vida pequeña y negándonos a estar a la altura del magnífico potencial que se nos ha otorgado, el testigo lo ve. Cuando no ponemos amor en el mundo el testigo lo ve. Todas estas traiciones de nuestro yo verdadero nos llevan a una muerte lenta y dolorosa. El testigo no puede creer lo que nos estamos haciendo a nosotros mismos. No puede creer que seamos tan incongruentes. No soporta ver estos crímenes contra nuestra propia humanidad. Así que empieza a retirarse y cerrarse. Nosotros, como personas, empezamos a perder el autorrespeto. Nuestra autoestima cae en picado. Empezamos a sentirnos infelices, enojados e irritables. En un nivel físico carecemos de energía y vitalidad e incluso puede que caigamos enfermos. Nos hacemos todo esto a nosotros mismos, pero generalmente sucede en un nivel inconsciente. Sencillamente aceptamos esta mentira sobre quiénes debemos ser y cómo debemos vivir. Y acaba matándonos. Entonces, en nuestro lecho de muerte, finalmente comprendemos que no hemos vivido la vida que estábamos destinados a vivir. Pero para entonces es demasiado tarde.

—¿Por qué, pues, querría alguien hacerse esto a sí mismo? —pregunté.

—Porque no advertimos el error. Todo empieza cuando somos niños pequeños. Y, como niños pequeños, esperamos que nuestros padres nos enseñen cómo funciona el mundo. Tenemos hambre del amor de nuestros padres y, por lo tanto, hacemos todo lo necesario para ser como ellos, con la esperanza de que si pensamos, sentimos y actuamos como ellos, recibiremos su adoración. Por desgracia, al hacer esto dejamos atrás nuestro yo verdadero.

—Autotraición —afirmé.

—Exactamente. Así que para despertar tu mejor yo, en realidad es un viaje desde donde estás ahora, como adulto, hasta el lugar que conocías en otro tiempo, cuando acababas de nacer. Es un viaje a casa. Es un retorno a tu naturaleza original. Ya somos todo lo que siempre hemos soñado ser. Solo que nos hemos olvidado de ello por el camino. Y por eso creo que todo el concepto del autoperfeccionamiento es una tontería. No hay ni una sola persona en el planeta que necesite perfeccionarse; no se puede perfeccionar la perfección y cualquier sugerencia de que necesitamos hacerlo solo sirve para hacernos sentir más culpables por no ser suficientes. *La obligación de todo ser humano no es el autoperfeccionamiento, sino el autorrecuerdo.* Autorrecordar es recuperar el estado de ser y el poder auténtico que perdimos al abandonar el estado ideal de niños recién nacidos y entrar en este mundo nuestro lleno de temores, un mundo que nos estropeó por el camino.

»Y este "proceso de estropeo", por así decirlo, ha hecho que cada uno de nosotros vea una ilusión. Se coloca un filtro entre la verdad de la vida y nuestra percepción humana. Este filtro o contexto personal se compone de todas las mentiras que nos han enseñado. El mundo que pensamos que vemos, si vivimos nuestra vida en la primera etapa del proceso, es en realidad una fantasía y nada más. Es verdaderamente una mentira, si se le puede llamar así. Lo que vemos no es la verdad sino una amalgama de todas las maneras de ver que nos han enseñado los que nos rodean, por buenas que fueran sus intenciones.

—Es casi como si fuéramos unos ratones de laboratorio que han sido condicionados a correr en una rueda de andar para coger un pedacito de queso —dije.

—Así es. Recuerda que *vemos el mundo no como es sino como somos nosotros*. Vemos el mundo a través del filtro de nuestra percepción personal, que se compone de la totalidad de las creencias, los temores, las suposiciones y los valores que hemos asumido de nuestros padres, de nuestros primeros maestros y del mundo en general, en un intento de encajar en la multitud y ser amados.

—Absolutamente asombroso, Julian. Cuesta creerlo, de hecho. Nunca, ni una sola vez, me he parado a pensar que el mundo que veo al vivir sencillamente podría no reflejar la verdad de lo que está sucediendo realmente.

—Hace algún tiempo, estaba entrenando a otra persona y nos encontrábamos sentados en un aula mientras yo le daba la lección pertinente. Me hizo una pregunta y yo le di amablemente mi respuesta. Al instante su lenguaje corporal cambió y el hombre dio muestras de enfado. Al analizar lo que creía que era la causa de esta reacción adversa, explicó que le daba la sensación de que yo le había rechazado. La verdad es que no era así.

Al ahondar en la causa de su malestar, hizo un profundo descubrimiento. Su padre había sido una persona de lo más exigente, que a menudo le hacía sentirse rechazado. Dentro de mi alumno se había formado una creencia que decía «la gente me rechaza» y esta pauta antigua se repitió durante toda su vida. Saber esto fue importantísimo para mi alumno. Recuerda que la conciencia precede a la decisión y la decisión precede al cambio —dijo Julian mientras salía de la autopista y enfilaba una carretera de un solo carril que llevaba a las cuevas de Camden.

—¿Eso qué quiere decir?

—Cuando adquieres conciencia de algo que no va bien en tu vida puedes tomar decisiones nuevas. Y estas decisiones nuevas son lo que conduce a cambios positivos. Digamos, por ejemplo, que tienes una mentalidad de escasez. Piensas que eres la persona más generosa del mundo, pero eso no es más que negación. No quieres examinar lo que realmente te está pasando debajo de la superficie. La verdad del asunto es que eres muy egoísta y tratas de guardarte todo lo que puedas para ti mismo. Todos los que te rodean ven tu comportamiento egoísta. Se dan cuenta de que no ves el mundo como un lugar de abundancia, así que acaparas. Si han trabajado un poco en sí mismos y tienen cierto nivel de evolución personal, saben que actúas así porque, en algún nivel, tienes miedo. Miedo a perder lo que tienes, miedo a que alguien se aproveche de ti, miedo al fracaso… el problema de fondo no tiene importancia ahora mismo. Pero se dan cuenta de que el miedo impulsa tu comportamiento y saben que su origen está en algún daño que sufriste en la infancia, como ocurre con todos los miedos de todos los habitantes del planeta. Sin embargo, te consideras cariñoso y generoso. Ahora bien, digamos que tienes el valor de empezar a pedir a la gente su opinión sincera sobre cómo podrías mejorar como persona.

Y digamos que tus seres queridos tienen el valor de decir lo que piensan de verdad. Te dicen lo que han sabido desde el principio: que actúas a partir de una percepción de escasez y que no eres tan generoso como siempre has pensado que eras. Si les escucharas, nacería en ti una conciencia nueva. Las sombras que en otro tiempo estaban en el reino de lo subconsciente pasarían ahora al de lo consciente, donde podrías examinarlas. *El autoexamen es el primer paso hacia la grandeza personal.* Podrías investigar de dónde procede este sistema de creencias y dónde habían surgido por primera vez los temores. Esta conciencia nueva, por su parte, llevaría a nuevas decisiones si estuvieras dispuesto a tomarlas. Podrías ser más generoso y negarte a actuar de forma egoísta como antes. Estas decisiones nuevas conducirían a cambios nuevos en tu forma de pensar, sentir y actuar. Y entonces tu vida cambiaría. Un proceso bonito, ¿no es verdad?

—Muy interesante, Julian. Sé que casi hemos llegado a las cuevas. Caramba, no cabe duda de que esta parte del mundo es muy bella —dije al ver los prados lozanos llenos de flores amarillas. Un arroyo discurría junto a la carretera y había robles a ambos lados—. ¿Qué me dices del resto de las siete etapas? La Primera Etapa es cuando las personas son inconscientes de las verdades de la vida y tienen poca idea de cómo funciona realmente el mundo. No se dan cuenta de que proyectan sus propios temores, falsas creencias y prejuicios en el mundo y debido a ello tienen una visión sesgada de la realidad. Pienso que la mayoría de la gente se encuentra en esta etapa y por esto el mundo va tan mal. Estamos divorciados de nuestra naturaleza original. Nos hemos transformado en frutos falsos de nuestro otrora magnífico yo. Esta autotraición nos ha cerrado y ha dado origen al autoodio. Mi conjetura es que al abandonar nuestro yo cariñoso, valiente y extraordinario, y meternos en moldes que nos permiten encajar en la multitud, empezamos a odiarnos a nosotros mismos en un nivel más profundo, quizá subconsciente. No es extraño que la mayoría de la gente se sienta tan desgraciada y enojada.

Julian empezó a tocar el claxon. Alzó un puño en el aire sin quitar el otro del volante y se puso a cantar «¡Qué día más hermoso!» a pleno pulmón. Volvía a sentirse complacido al ver que yo entendía la sabiduría y el proceso que compartía conmigo. Sabía que estaba contento de ser mi entrenador y a mí me encantaba ser su alumno. Lo que estaba aprendiendo de Julian verdaderamente no tenía precio. Si más personas pudieran oír lo que yo había oído durante los últimos días, este mundo nuestro sería realmente un lugar muy distinto. Habría en él más justicia, autenticidad y amor. En aquel momento me comprometí no solo a dominar la información que tenía la suerte de recibir, sino también a dedicarme a difundirla entre los demás. La palabra «evangelista» ha adquirido connotaciones negativas hoy día. En realidad significa sencillamente «alguien que propaga buenas noticias». Yo propagaría el mensaje de Julian. Me convertiría en evangelista.

Julian aparcó el coche en una cuesta cubierta de hierba y echamos a andar por el sendero que nos llevaba a las cuevas. Se quitó las sandalias y siguió andando descalzo. Julian no dijo nada y, en vez de ello, prefirió tararear una canción mientras admiraba los espléndidos dones de la naturaleza que nos rodeaban. Al acercarnos a una de las cuevas, empezó a hablar.

—La primera de las siete etapas es «Vivir una Mentira». Una pregunta apropiada recibe la respuesta apropiada, ¿sabes? Las preguntas brindan un vehículo eficaz para promover la autoconciencia. Por cierto, una pregunta importante que puedes hacerte en tu diario cuando yo no esté contigo es «¿qué cosas no seguiré tolerando en mi vida?». De todos modos, sé que no seguirás traicionándote a ti mismo y viviendo una vida que no es tuya. La Segunda Etapa de las siete es la llamada «El Punto de Elección». Una vez te has dado cuenta de que estás siguiendo a la multitud y viviendo una vida inauténtica, se te presenta la oportunidad de elegir.

—Es la parte de *The Matrix* en la que Neo tiene que elegir entre tragarse la píldora azul o la roja, ¿verdad? Empiezo a ver lo profunda y significativa que es realmente esa película, Julian. Necesito verla otra vez —prometí.

—Buena idea. Y tienes razón. Cuando ves que has aceptado la ilusión que la multitud quiere que creas que es la realidad, tienes que elegir entre continuar viviendo como has vivido siempre, resignándote así a una vida infeliz y mediocre, o tomar la píldora roja, por así decirlo, y subir a tu vida más grande. Y no olvides nunca lo que una vez comentó el poeta David Whyte: «El alma preferiría fracasar en su propia vida a triunfar en la vida de otra persona». Nada es más importante que tener el valor de vivir *tu* vida. La Tercera Etapa se llama «Conciencia de Maravilla y Posibilidad». En esta etapa empiezas a ver con ojos nuevos. Ves más de la verdad de lo que has visto en tu vida. Empiezas a comprender que el mundo quiere que ganes y que es un lugar de gran abundancia, oportunidad y majestad. También empiezas a ver que las personas, en el fondo, son buenas y si hacen cosas malas, es solo por el daño que les ha causado la vida. No estoy diciendo que no todos tenemos la oportunidad de elegir: por supuesto que la tenemos y todo el mundo puede optar por ser amable, entero y bueno, prescindiendo de lo mucho que haya sufrido. Lo único que quiero decir es que, en esta etapa, empiezas a separar lo que son verdaderamente las personas y lo que es *su comportamiento,* que puede presentarse como hiriente y malo. Empiezas a ver que la gente que actúa así sufre dolor. Ninguna persona de corazón abierto y feliz podría *jamás* hacer daño a otra persona. En este punto del proceso de autodespertar, también adquieres conciencia íntima de tu mejor yo. Ves toda la autotraición más claramente que nunca y llegas a saber de qué estás hecho verdaderamente. Es una etapa increíblemente inspiradora del viaje a casa.

—¿Cuál es la Cuarta Etapa?

—Pues, tras dejar la etapa de Vivir una Mentira y pasar el Punto de Elección al tomar la decisión de despertar tu mejor yo, y después de adquirir conciencia del mundo más allá de la ilusión, un mundo de maravilla extraordinaria y posibilidad sin límites, llegas a la Cuarta Etapa: «Instrucción de los Maestros». Es en esta etapa donde el buscador suele empezar a buscar varios maestros y explorar muchas sendas diferentes para llegar al saber. Tiene sed de respuestas y curación. Puede ser un período muy confuso porque cuando el buscador recibe mucha información nueva en un corto espacio de tiempo resulta difícil asimilarla toda. Pero, por favor, ten presente que la *confusión siempre crea claridad* con el tiempo y llega un momento en que todo el nuevo saber se integra maravillosamente en tu comprensión. Es el comienzo de la *verdadera* sabiduría. Después llega la Quinta Etapa: «Transformación y Renacimiento», que puede ser la más difícil. Pero es también una de las más inolvidables. Es en esta etapa donde tu yo más grande empieza a presentarse diariamente y todo tu mundo empieza a cambiar. Es verdad que el cambio no siempre es fácil, pero los beneficios que recibirás en este punto del proceso te serán útiles durante el resto de tu vida. La Sexta Etapa es «El Juicio». Antes de que un buscador encuentre su tesoro, deberá someterse a un juicio. El juicio tiene dos propósitos: en primer lugar, asegurarse de que el buscador ha aprendido todas las lecciones que debía aprender por el camino y, en segundo lugar, comprobar hasta qué punto desea el premio. Es en esta etapa donde la mayoría de la gente se da por vencida. Demasiadas personas se retiran en este punto cuando, por desgracia, de haber persistido un poquito más, hubieran encontrado su don más grande a la vuelta de la esquina. Y finalmente la Séptima Etapa es «El Gran Despertar del Yo». Para llegar a este punto, al que, como ya he dado a entender, pocos llegan, alcanzas el estado de iluminación. Te conviertes en todas las cosas que reflejan tu naturaleza original. Retornas a la forma de ser que conocías cuando estabas conectado con la fuerza de la naturaleza que te envió al mundo. Te vuelves valiente, inocente, infinitamente sabio, de un potencial ilimitado y amor puro. No hay ninguna sombra, todo es luz. Puedes llegar a esta etapa... si estás dispuesto y *te entregas a ello*. Pero para llegar a este último lugar, tienes que desear llegar a él más de lo que deseas la vida misma. Esto me hace pensar en lo que escribió Sheila Graham: «Puedes tener cualquier cosa que quieras si la quieres desesperadamente. Tienes que quererla con una exuberancia que brote de la piel y se sume a la energía que creó el mundo».

—Hermosas palabras —aplaudí.

—¿Y a qué mejor lugar podría aspirar jamás cualquier ser humano que a la iluminación? —preguntó Julian al entrar los dos en una cueva oscura—. Ahora debo decirte que las siete Etapas del Autodespertar no son un proceso mágico y rápido de transformación personal. Exigen esfuerzo, paciencia y tiempo. Durante las próximas semanas te haré pasar por varias experiencias que harán que las siete etapas cobren vida ante ti. Soy tu entrenador y es mi obligación enseñarte el proceso de las siete etapas. Pero a ti te corresponderá vivirlo durante las semanas, los meses e incluso los años que seguirán a mi visita.

Sentí un poco de tristeza dentro de mí. Julian acababa de entrar en mi vida la noche anterior y que hablara tan pronto de irse resultaba desalentador. Durante el poco tiempo que llevábamos juntos ya había llenado mi corazón de gran inspiración y me había enseñado mucha sabiduría. Sabía que si actuaba de acuerdo con tan solo un poco del conocimiento que me había dado, toda mi vida adquiriría un cariz muy diferente.

Una vez más Julian adivinó mis sentimientos.

—Eh, amigo, no te preocupes, tenemos grandes cosas que hacer juntos y todavía estaré contigo durante un tiempo. Y cuando haya acabado contigo, no me necesitarás. Te estarás divirtiendo demasiado tú solo —dijo con una sana carcajada.

Julian me tomó del brazo y me hizo entrar en la cueva oscura. Después de caminar durante cosa de un minuto, me pidió que me sentara en el suelo y mirase fijamente la pared que tenía delante.

—Concéntrate por completo en esa pared, Dar. No apartes los ojos de ella. ¿Me lo prometes?

—Te lo prometo —contesté.

De pronto la cueva se iluminó. No tenía idea de lo que estaba pasando detrás de mí, pero podía oír que Julian iba de un lado a otro arrastrando los pies. Seguí con los ojos clavados en la pared y vi varias imágenes proyectadas en la superficie de roca.

Al cabo de unos diez minutos de contemplar los objetos bailando en la pared de la cueva, oí que Julian decía algo.

—Lo que estás contemplando en la pared de la cueva es una mera ilusión. Es una mentira. Ahora ha llegado el momento de ver la verdad. ¿Estás dispuesto?

—Sí, lo estoy —dije, sin quitar los ojos de lo que estaba pasando delante de mí.

—Pues vuélvete y ve lo que está pasando *realmente*.

Al volverme, vi que Julian había encendido una pequeña hoguera. También tenía en las manos varios objetos de piedra pequeños que iba colocando delante del fuego. Los objetos proyectaban las imágenes que yo veía en la pared delante de mí.

—¿Has leído *La República* de Platón, Dar?

—No, nunca encontré el momento para ello.

—Es importante leer los grandes libros primero, ¿sabes? De lo contrario, podrías encontrarte con que se te acaba el tiempo. Bueno, el caso es que hay una sección del libro en la cual una multitud está sentada en una cueva, parecida a esta. La multitud está contemplando las imágenes proyectadas en la pared, como has hecho tú. Lo triste es que, durante toda su vida, ha creído que lo que veía era la verdad; nunca se ha dado cuenta de que lo que veía no era más que una ilusión. Cierto día una de las personas que formaban la multitud se atreve a ser diferente. Se atreve a convertirse en buscador y se pone a buscar la verdad. Se desencadena del suelo y sale de la multitud porque tiene el valor de ver lo que hay detrás de él en lugar de seguir mirando fijamente las imágenes proyectadas delante de él. Y lo que ve le conmociona.

—Apuesto a que ve una hoguera. Y ve que las imágenes de la pared son meras proyecciones de los objetos colocados delante de la hoguera. Deja de creer en la mentira en la que siempre ha creído y, por primera vez en su vida, ve la verdad.

—Perfecto —dijo Julian asintiendo con la cabeza para expresar su gran satisfacción—. Un comentario perfecto. Y esa nueva conciencia cambia su vida. Ahora que has captado lo que quería explicarte, salgamos de aquí. Si quieres que te diga la verdad, este lugar es un poco escalofriante —dijo soltando una risita.

Julian apagó la hoguera y echamos a andar hacia la luz del exterior.

Julian me llevó por un sendero a una zona boscosa. El aroma de los pinos y los cedros me trajo recuerdos de la infancia, de las excursiones por el bosque con mi padre. Al poco oí ruido de agua. Al acercarnos, vi una pequeña cascada y, sobre ella, un arco iris.

—Es una buena señal —dijo Julian en tono alegre—. Ahora métete debajo de la cascada —me ordenó.

—¡Lo dices en broma!

—No. Solo quiero que te metas debajo durante unos minutos. Te limpiará y servirá como metáfora de tu liberación de las impurezas que has ido recogiendo desde que dejaste tu otrora perfecto estado del ser. Métete debajo de la cascada y cierra los ojos. Imagínate que el agua se lleva todas tus creencias restrictivas, todas tus falsas suposiciones, todos tus temores y prejuicios.

Hice lo que Julian me pedía y, aunque el agua estaba fría al principio, la experiencia resultó asombrosa. Me sentí más ligero, más feliz y más puro.

—Ahora eres consciente de la ilusión bajo la cual has vivido tu vida —dijo Julian al salir yo de debajo de la cascada y ponerme al sol para secarme—. Ahora estás preparado para dejar de mentirte a ti mismo y dejar a la multitud para buscar la verdad. Libérate de las cadenas que te sujetan al suelo y prepárate para tu vida más grande. De esta manera, liberándote de la mentira y viviendo la vida para la que estás destinado, encontrarás algo que todos anhelamos: *libertad*. Ahora estás preparado para dejar la Primera Etapa de las siete Etapas del Autodespertar.

Acto seguido, Julian me pidió que cerrara los ojos y me sentara en un lugar cubierto de hierba junto a la cascada.

—Estas son las palabras del gran autor Herman Hesse, y quiero que te las aprendas de memoria, Dar. Hablan de lo que has aprendido esta mañana —dijo Julian en voz muy alta, como si proclamase a toda la naturaleza la verdad de lo que decía:

—*Es hora de que recobres el juicio. Debes vivir y aprender a reír. Debes aprender a escuchar la maldita música radiofónica de la vida y a venerar el espíritu que hay detrás de ella y a reírte de sus tergiversaciones. Así que aquí estás tú. Nada más se te pedirá.*

CINCO

El buscador descubre la elección más importante que puede hacer un ser humano

> No sé de ningún hecho más alentador que la capacidad de un hombre de elevar su vida mediante el esfuerzo consciente. Ya es algo pintar un cuadro determinado, o esculpir una estatua y hacer así unos cuantos objetos bellos. Mucho más glorioso es tallar y pintar la atmósfera y el medio mismos a través de los cuales miramos. Esto podemos hacerlo moralmente.
>
> HENRY DAVID THOREAU

Estábamos saliendo de la jungla donde yo había terminado la primera de las siete Etapas del Autodespertar. Julian volvía a ir al volante del Ferrari rojo.

—Todo buscador verdadero que va por la senda que lleva al despertar y la autorrealización acaba llegando a un lugar donde se le presentará la oportunidad de hacer una elección que alterará radicalmente su vida para siempre. A veces este cambio es fruto de un sufrimiento intenso como, por ejemplo, el que causan la pérdida de un ser querido, una enfermedad, una crisis económica o un accidente trágico. Otras veces, aflorará a la superficie sencillamente porque el buscador está preparado para llegar al siguiente nivel del vivir y ha hecho el trabajo interior preliminar que se requiere para que esto sea posible —explicó Julian al tomar una curva cerrada y enfilar una de las carreteras que nos llevaría de vuelta al centro de la ciudad—. Si has dejado la Primera de las siete Etapas del Autodespertar al adquirir conciencia de la autotraición que has estado cometiendo, no puedes por menos, como buscador de la verdad y explorador de tu vida más grande, de llegar a la Segunda Etapa: el Punto de Elección.

—Y yo me imagino, Julian, que la forma en que el buscador se presenta en este Punto de Elección, determina en muchos sentidos su destino. Toma una decisión y viajarás por una de las vías rápidas de las que me hablaste. Toma otra y viajarás por los caminos donde hay más baches.

—En efecto, Dar. La verdadera decisión que deberás tomar en el Punto de Elección se reduce a mostrar una disposición sincera a avanzar con confianza por la senda consciente hasta llegar a tu vida auténtica o retroceder a la vida que vivías en otro tiempo, volver al dormir estando despierto de entonces. En esencia, *el Punto de Elección te ofrece la oportunidad de elegir tu vida más grande o seguir siendo pequeño, continuar formando parte de la manada de lemmings y seguir inconscientemente a los que te rodean y que de uno en uno van cayendo por el acantilado. Te diré una cosa basándome en mi experiencia personal: si no tomas la más elevada y más noble de las dos decisiones que se presentan en el Punto de Elección, optarás por una vida de profundo arrepentimiento y desdicha absoluta cuando llegues al final.* Nada rompe tanto el corazón como saber que tuviste la oportunidad de manifestar tu espléndido potencial y te negaste a aceptar la llamada. *Negarte a aceptar la llamada de tu mejor vida es insultar a la fuerza que te creó* —afirmó Julian, con una intensidad aún mayor que de costumbre.

De pronto salió de la autopista y enfiló una carretera secundaria que llevaba a un pequeño hospital situado en un barrio residencial de las afueras de la ciudad.

—¿Por qué vamos a entrar ahí? —pregunté, un tanto confundido. El entrenamiento de Julian nunca dejaba de estar lleno de aventuras y suspense.

—Ya lo verás —fue la respuesta profética.

Al entrar en la recepción del hospital, dos enfermeras atractivas se apresuraron a acercarse a nosotros para saludar a Julian.

—Hola, cariño —dijo una de ellas en tono de flirteo—, eres muy amable dejándote caer por aquí para saludarnos.

La otra sonrió y dijo en broma:

—Hola, Julian, ¿por fin te has decidido a hacerte un chequeo? —Ambas rieron y abrazaron efusivamente a mi singular entrenador.

—En serio, Julian —dijo la que había hablado primero—. Es estupendo volver a verte. Sube, que te están esperando.

—¿Podéis cuidar a mi amigo unos segundos? —preguntó Julian—. Tengo que entrar un momento en la tienda de objetos para regalo.

Mientras Julian se alejaba de nosotros, traté de adivinar lo que estaba pasando. Necesitaba algunas respuestas.

—¿Cómo es que las dos conocéis a Julian? —pregunté.

—Oh, viene por aquí casi todos los días —dijo una de las enfermeras.

—Es nuestro mejor voluntario —terció la otra—. Todo el mundo quiere a Julian. Entró aquí un día, de hecho, hace solo unas semanas y dijo que quería ayudar. Pidió concretamente que le destinaran a la sala de enfermos incurables. Todavía recuerdo que dijo algo sobre «la necesidad de ser un instrumento de servicio y añadir valor a los seres humanos». Julian es todo un idealista, ¿sabes?

—Lo sé —respondí al tiempo que asentía con la cabeza.

Julian volvió con un enorme ramo de flores en los brazos.

—Vamos, Dar, hay un grupo especial de personas que me gustaría presentarte.

Anduvimos por un largo pasillo de paredes blancas y estériles. Todo el lugar olía a amoníaco y café. Al final del pasillo había una sala. Al entrar en ella, las seis personas que se encontraban sentadas se levantaron inmediatamente para saludar a Julian con sonrisas y abrazos. Saltaba a la vista que tenían muy buena opinión de Julian. También estaba claro que la generosa exhibición de afecto emocionó a Julian. Detecté lágrimas en sus ojos y él vio que yo lo había visto.

—No hay nada malo en que un hombre llore —me susurró al oído—. No lo olvides nunca. Una persona aislada de sus sentimientos carece de sensibilidad, compasión y empatía. Las personas así son las que empiezan las guerras, cometen crímenes y propagan el odio. No evites tus sentimientos, Dar. Son una parte esencial de la persona auténtica que tú eres.

Seguidamente Julian se dirigió en voz alta al grupo reunido ante nosotros.

—Estas señoras y estos señores son mis amigos —dijo—. Señoras y señores, por favor, saluden a mi amigo Dar.

Todos me estrecharon la mano efusivamente. Luego se me pidió que me sentara y así lo hice.

—Te hemos estado esperando, Julian. ¿Este es el hombre al que me pediste que hablase? —preguntó un hombre que aparentaba ochenta y pico años. Llevaba un traje a cuadros, camisa blanca y corbata de lazo. Su pelo era escaso y gris y lo llevaba pulcramente peinado hacia atrás.

—Sí, Peter, este es el hombre. ¿Por qué no compartes con él lo que compartiste conmigo cuando vine a visitarte hace una semana y pico? Tus palabras fueron convincentes. Quería que este hombre las oyera de ti.

—Bueno —dijo el anciano—, solo le dije a nuestro joven amigo Julian, aquí presente, que ahora que me encuentro en el final de mi vida y mi mayor pesar es no haber dejado que la música que llevo dentro cantase. Sé, en lo más hondo de mi corazón, que había dentro de mí una canción que necesitaba ser expresada —dijo poéticamente—. Había una misión creativa escondida en mí que pedía a gritos ser liberada y realizada. Lo que quiero decir es que todos tenemos cosas especiales que estamos destinados a hacer con nuestra vida. Cada uno de nosotros es una criatura especial, dotada de capacidades milagrosas y aptitudes increíbles.

—Peter era orador motivacional antes de terminar en este lugar —bromeó una de las mujeres.

Todo el grupo rió. Se ha dicho que la risa es la distancia más corta entre los corazones humanos. Cuando reímos juntos todas las fórmulas sociales que nos separan se quedan por el camino y conectamos como personas reales. Es muy agradable verlo. Fue en aquel momento cuando me di cuenta de la verdad de una cosa que Julian me había dicho: todos somos hermanos y hermanas de la misma familia. Todos estamos vinculados en un nivel invisible y una voz de conocimiento dentro de mí me dijo que pasar por alto esta verdad era aceptar la ilusión fomentada por la multitud. Me di cuenta de que no estamos separados. *Estamos* conectados por lazos invisibles. Aún más que por medio de la risa, he descubierto desde entonces que podemos conectar unos con otros compartiendo nuestro dolor. Si todos los habitantes del mundo se juntaran durante media hora y compartiesen todo el sufrimiento personal que han soportado en su vida, todos seríamos amigos. No habría enemigos. No habría guerras.

El anciano continuó.

—Como decía, *mi mayor pesar es no haberme escuchado a mí mismo*. Sabía que podía hacer grandes cosas en la vida. Era un escritor muy bueno en mi juventud; incluso había ganado algunos premios literarios durante mis tiempos de universitario. Pero mi madre quería que fuese contable. Decía que si no le hacía caso, cometería el error de mi vida. De hecho, el error de mi vida fue no ser fiel a mí mismo y no hacer lo que pensaba que estaba destinado a hacer. Así que ahora (y debería usted saber que los médicos de aquí me dicen que probablemente solo me quedan unas cuantas semanas) lamento mucho la elección que hice. Tengo la sensación de haber malgastado toda mi vida. Ochenta y siete años han pasado volando. Parece que fuera ayer cuando me casé con mi novia, Margaret, y luego vi nacer a mis hijos. Ahora Margaret ya ha muerto y mis hijos se han ido a vivir su propia vida. Su vida pasará más rápidamente de lo que se puede imaginar. Los días se convertirán en semanas, las semanas en meses y los meses en años. Le veo bastante joven ahora, pero tenga cuidado: se parecerá a mí antes de que se dé cuenta. La vida es así. De modo que viva usted la vida que está destinado a vivir. Su vida es demasiado importante para esperar hasta que esté a punto de morir para despertar. Viví la vida de mi madre cuando debería haber tenido la sabiduría de vivir la mía. Me pasé la vida tratando de complacer a los demás. Pero ¿dónde están ahora? Todas aquellas personas, para complacer a las cuales yo vivía, ya no están. *En su lecho de muerte la única persona ante la que tendrá que responder es la persona a la que ve en el espejo todas las mañanas. Será mejor que le sea fiel.* Cometí «el crimen de la autotraición», como dice Julian. Eso es lo que realmente va a matarme y no el cáncer.

En la habitación se hizo un silencio total. Los amigos de Peter bajaron los ojos, al parecer entristecidos no solo por haber oído cómo otra persona hablaba del pesar más hondo de su vida, sino también porque sus palabras les habían recordado que Peter pronto dejaría de estar con ellos. *La vida es una cosa tan frágil. Nunca lo supe verdaderamente hasta ahora. Es un tesoro sin precio que se nos da para que lo guardemos y utilicemos tan bien como podamos. Lo que hace que sea tan sagrado es que no volveremos a tenerlo.* Y, a pesar de ello, la mayoría de las personas que viven entre la multitud nunca aprietan el botón de pausa en su vida para detenerse siquiera sesenta segundos a reflexionar sobre por qué están aquí y qué están destinadas a hacer.

Después de irnos de las cuevas de Camden, Julian había compartido conmigo una historia corta. Un sabio y un mendigo se encontraron un día en la calle. El mendigo, que no sabía con quién estaba hablando, detuvo al sabio y le hizo tres preguntas: ¿Por qué estás aquí? ¿Adónde vas? ¿Hay una razón importante para que vayas allí? El sabio miró al mendigo y le preguntó cuánto dinero solía ganar en un día dado. Al oír la respuesta sincera del mendigo, el sabio dijo: «Por favor, ven a trabajar para mí. Te pagaré diez veces esa cantidad sin otra condición que la de hacerme estas tres preguntas antes de que me ponga a meditar a primera hora de todas las mañanas».

Desde entonces he aprendido que la reflexión es la madre de la sabiduría. Todos los días debemos encontrar un poco de tiempo para preguntarnos a nosotros mismos por qué estamos aquí, cómo vivimos y si hacemos el máximo uso de los dones que la vida nos ha dado. Debemos prestar atención a la vida. Debemos estar frecuentemente en conexión con nuestros sueños. Este universo nuestro es realmente un lugar acogedor y no podríamos tener un sueño si no poseyéramos la capacidad correspondiente para hacerlo realidad. «El universo quiere que ganemos», solía decir Julian. «Lo único que necesitamos es quitarnos de nuestro propio camino.»

Los comentarios de Peter me conmovieron hondamente. Sabía que era lo que Julian esperaba que sucediese. Yo necesitaba tomar algunas decisiones. Necesitaba adoptar una postura a favor de mi vida más grande, de una vez para siempre.

Pasamos alrededor de media hora en el hospital, bebiendo infusiones de hierbas y compartiendo anécdotas con aquellas personas encantadoras que eran amigas de Julian. Julian también dedicó unos momentos a adornarles la habitación con las flores que había comprado. Era un hombre de una compasión y una sensibilidad extraordinarias. Les dimos las gracias por su hospitalidad y luego el grupo salió con nosotros y nos acompañó hasta donde estaba el Ferrari. Todos querían de veras a Julian. Y todos adoraban el coche.

—Así que cuando continúes por esta senda hasta tu vida auténtica... cuando te separes de la multitud y empieces a vivir de acuerdo con *tus* valores, *tus* creencias y *tus* deseos fervientes, llegarás *inevitablemente*, como buscador, al Punto de Elección. Tu forma de responder en esta coyuntura influirá mucho en la forma en que se desarrolle el resto de tu vida —resumió Julian mientras salíamos del aparcamiento del hospital y mis nuevos amigos nos decían adiós con la mano—. No olvides nunca lo que escribió Harriet Beecher Stowe: «Las lágrimas más amargas que se derraman sobre las tumbas son por palabras que no se dijeron y actos que no se hicieron». Conviértete en una persona de acción, una de esas almas indomables que salen a perseguir su vida más grande. Haz todo lo posible. Y luego déjalo y acepta lo que recibas con el corazón feliz y la certidumbre total de que es lo que la naturaleza tenía destinado para ti.

—Entendido, entrenador. Oye, todavía no me has dicho de quién es este coche. No es tuyo, ¿verdad?

—No, no es mío. Hoy día viajo con demasiado poco equipaje para poseer algo así. Soy un hombre my sencillo. Pero en otro tiempo fue mío —reconoció Julian—. Es mi antiguo Ferrari.

—¿De veras? —exclamé—. Cuando era niño mi padre solía llevarme en coche a pasear por tu barrio. Yo veía este coche y no podía quitar los ojos de él. ¡Cómo me gustaba!

—Lo sé —replicó Julian—. De vez en cuando te pillaba contemplándolo —dijo guiñándome un ojo.

—¿De veras?

—Desde luego. Un industrial que era cliente mío me lo compró poco antes de irme a la India. Dijo, con la máxima discreción, que me lo vendería si alguna vez lo quería. También me dijo que podía conducirlo siempre que volviese a la ciudad. Ha sido muy generoso conmigo, en muchos sentidos. Me lo ha prestado mientras esté aquí.

Guardamos silencio durante largo rato. Al entrar en la avenida del hotel, Julian paró el coche. El portero nos sonrió y me hizo una señal de aprobación. Parecía sinceramente impresionado.

—Abre la guantera, Dar, dentro hay algo para ti. Quiero que mires el regalo cuando me haya ido, cosa que, por desgracia, será dentro de unos minutos. Tengo cita para un masaje y nunca me gusta llegar tarde a una sesión de masaje. Es un regalo que me hago a mí mismo con regularidad.

—Nunca hubiera adivinado que eras un gran aficionado a los masajes —contesté.

—¿Por qué no, Dar? Son una terapia maravillosa para estimular la vitalidad, eliminar toxinas y elevar la salud en general. Tengo toda una serie de lo que yo llamo «estructuras de éxito», prácticas que incluyo en mi semana y en las que confío para estar sano, feliz y gozar de una paz profunda. Ejercicio diario, una dieta apropiada, meditación, pasar tiempo en la naturaleza y un masaje cada siete días son cosas que hago para mí mismo con el fin de vivir muchos años y poder hacer el trabajo que he sido llamado a hacer. Tengo una misión en la vida y pienso cumplirla. Un masaje a la semana podría parecer caro a algunas personas, pero para mí es una inversión y no un gasto. Es dinero bien empleado. No sirvo de nada a nadie si estoy hospitalizado. Sencillamente veo mis masajes como uno de los costos del negocio, por así decirlo.

—Es una manera interesante de verlo, Julian.

—Hoy ha sido un gran día para ti, Dar. He plantado algunas semillas que con el tiempo florecerán y se convertirán en percepciones maravillosas. Confía en ello… has aprendido cosas importantes hoy.

—Me siento muy agradecido por este día contigo, Julian. Has compartido conmigo algunas lecciones muy profundas. Lo sé. Y la forma en que las has compartido las ha hecho inolvidables. No tenía idea de que aprender pudiera resultar tan divertido, memorable y conmovedor.

—Aprender debería ser divertido, memorable y conmovedor. Aprender de los libros, intelectualmente, es magnífico. Pero aprender de una forma que te atraiga en un nivel *emocional* es todavía más eficaz y sustentador. Por eso procuro crear experiencias que te ayuden a aprender lo que necesitas. La experiencia es siempre la mejor maestra. El caso es que hoy has hecho muy bien.

Al abrir la guantera, encontré un paquete envuelto en papel para regalo. A juzgar por sus bordes irregulares, era obvio que lo había envuelto el propio Julian, pero le di la máxima nota por el esfuerzo y la consideración.

—Gracias, Julian. No alcanzo a imaginar lo que hay dentro, pero sé que tendrá mucho valor para mí por venir de ti.

—Oh, a propósito, estas son para ti también —afirmó, entregándome las llaves del Ferrari.

—¿Quieres que aparque el coche? —pregunté, deseoso de ayudar a Julian como pudiera.

—No, amigo mío —hizo una pausa—. El coche es tuyo.

Quedé *aturdido*. ¿Julian me estaba ofreciendo realmente su antiguo coche? De niño, no hubiera podido imaginar un sueño mejor haciéndose realidad. Incluso ahora ser dueño de un Ferrari clásico e inmaculado era algo que me hacía mucha ilusión.

—No quiero fabricar el Punto de Elección para ti, Dar: se cruzará con la senda por la que vas, el viaje del buscador, de forma natural. Si continúas abriendo los ojos en busca de la verdad, forzosamente se presentará un Punto de Elección. Pero quiero realmente hacer todo lo posible para que las siete Etapas del Autodespertar cobren vida para ti y por ello he procurado crear algunas experiencias memorables que te enseñarán la esencia de cada etapa. Ahora te ofrezco la posibilidad de elegir, y hablo totalmente en serio cuando digo que puedes quedarte con el Ferrari, si lo quieres. Mi antiguo cliente está completamente de acuerdo. Dijo que lo que yo quiera es lo que él quiere. Le hice algunos favores muy grandes en el pasado. Pero hay una pequeña trampa.

—¿En qué consiste? —dije con una sonrisa, temiéndome lo peor.

—Pues, si eliges quedarte con el coche, no podré seguir siendo tu entrenador. O el coche o mi entrenamiento. Podremos seguir siendo amigos, pero tendré que pasar a ocuparme de mi próximo alumno. Verás, en esto consiste el Punto de Elección: en hacer algún tipo de sacrificio. No se obtiene nada bueno sin alguna clase de sacrificio. El Punto de Elección consiste en dejar el mundo que has conocido y aventurarte a cruzar las fronteras desconocidas de tu vida más elevada. Y para acceder a esa vida, tienes que quererla más que cualquier otra cosa del mundo. Tienes que quererla incluso más que este Ferrari. La mayoría de la gente cree que se necesitan meses y años para transformar su vida. En realidad puedes cambiarla literalmente en un instante tomando una sola decisión: la de no volver a vivir como has estado viviendo, pase lo que pase. Lo que requiere meses, años y a veces decenios es el *mantenimiento* que se requiere para atenerse a esa decisión.

—Sutil distinción, Julian —dije.

—También lo es tu elección, amigo: este coche deportivo raro y exótico o la oportunidad de ser fiel a ti mismo. Depende completamente de ti.

—Oh, Julian —repliqué con un suspiro—. Me estás matando, chico —agregué riendo—. Ya sabes cuál es mi respuesta... no soy tonto. Me quedo con el entrenamiento. ¡Elegiré mi vida más grande! —exclamé.

Julian aplaudió, encantado con mi decisión.

—En lo que a mí se refiere, es la única decisión que se puede tomar en el Punto de Elección: la decisión de tratar de alcanzar las estrellas y avanzar hacia la vida que ha sido destinada para ti. Pero ¿sabes lo que te digo?, ya que te has portado tan bien, te haré otro ofrecimiento. Si no te importa dejar el coche en casa de mi amigo, puedes dar una vuelta por la ciudad en él. ¿Hecho?

—Hecho.

Julian me dio un abrazo y se apeó del coche. Luego metió la cabeza por la ventanilla.

—Nos encontraremos aquí dentro de siete días, a las cinco de la mañana en punto, por favor. Quiero explicarte la Tercera de las siete Etapas del Autodespertar. Te gustará lo que aprenderás. Hasta entonces, cuídate. Estás experimentando muchos cambios, así que conviene que dediques mucho tiempo a actividades que te beneficien. Da largos paseos por el bosque. Escucha tu música favorita. Haz que te den un masaje. Y, por supuesto, busca tiempo para experimentar el silencio, la quietud y la soledad. Lo estás haciendo de maravilla. Te veré pronto, amigo mío.

Y con estas palabras, la antigua superestrella de la abogacía convertida en monje omnisciente y sabio entrenador para la vida entró en el Q Hotel y se perdió de vista. Permanecí mucho tiempo sentado en el asiento del pasajero del Ferrari, reflexionando sobre lo ocurrido durante el día y comprometiéndome desde lo más hondo de mi ser a seguir andando por la senda consciente de la vida. Desenvolví el regalo de Julian. Era un ejemplar nuevo de trinca de *La República* de Platón. Al hojearlo, vi que Julian había escrito algo en dos de las páginas en blanco que había en el principio del libro. He aquí lo que decía:

Querido Dar:
En primer lugar, permíteme que te honre por tu valentía. Se necesita mucha decisión y mucho poder para liberarse de las fuerzas gravitacionales de la multitud y empezar a vivir de forma

más verdadera. El transbordador espacial consume más combustible durante los tres primeros minutos después de despegar del que requiere durante el resto de su órbita alrededor de toda la tierra por esta misma razón: el mundo ejerce una atracción que exige mucha energía para vencerla. Pero debes vencerla, amigo mío, para evitar una vida de arrepentimiento y tristeza.

Cuando leas este libro ya habrás hecho la elección más grande de tu vida: andar por la senda de tu destino y llegar a tu vida más grande (sabía que elegirías esto: tu padre era un hombre sabio y grande y la fruta nunca cae muy lejos del árbol). Ahora te estoy invitando a tomar algunas decisiones diarias que te ayudarán a jugar tu mejor partido como ser humano. Se trata de cinco prácticas esenciales que debes integrar en tu vida durante las próximas semanas y los próximos meses si realmente quieres vivir la vida bella que está destinada para ti. Yo las llamo las cinco Dedicaciones Diarias:

1. Dedícate a levantarte a las 5 de la mañana todos los días. Los que se levantan temprano son los que sacan lo mejor de la vida.

2. Dedícate a reservar los primeros sesenta minutos del día para tu «Hora Santa». Es el tiempo sagrado que emplearás en hacer el trabajo interior que se requiere para ayudarte a ser lo mejor que puedes ser. Utiliza este período para leer la literatura sapiencial, meditar o rezar, para reflexionar sobre el estado de tu vida y los progresos de tus sueños en tu diario, o para pensar profundamente en lo que debe pasar durante las próximas horas del día con el fin de tener la sensación de que ha sido provechoso. Cumplir este ritual diariamente te ayudará a brillar intensamente en el mundo y a vivir en tu nivel más alto.

3. Dedícate a desplegar un nivel de consideración, compasión y carácter muy superior a lo que alguien pudiera imaginar en ti. Con ello harás la parte que te corresponde en la construcción de un mundo nuevo.

4. Dedícate a desplegar un nivel de excelencia en el trabajo muy superior al que alguien pudiera esperar de ti. A cambio recibirás abundancia y realización.

5. Dedícate a ser la persona más cariñosa que conozcas y a pensar, sentir y actuar como si fueras una de las personas más grandes que hay actualmente en el planeta (porque lo eres). Tu vida nunca será la misma y serás una bendición para muchas vidas.

Permíteme terminar diciéndote que te admiro, como hombre. Has pasado por muchas cosas y se acercan tiempos mucho más felices… como ocurre siempre. «En el corazón de cada Invierno hay una Primavera que vibra. Detrás del velo de cada noche espera un amanecer sonriente», escribió el sabio poeta Kahlil Gibran. Sabes que tenía razón.

Tu fan…

JULIAN

No me cabía ninguna duda de que aún me esperaban las temporadas más felices de mi vida. No me cabía ninguna duda de que lo mejor todavía estaba por llegar.

SEIS

El buscador entra en la maravilla y la posibilidad

> Con la vida estoy al ataque, arrancando incansablemente cada placer, buscando respuestas, extrayendo de ella incluso el dolor. Saqueo la vida, la persigo.
>
> MARITA GOLDEN

> El Mundo es un gran libro del que los que nunca salen de casa leen solo una página.
>
> SAN AGUSTÍN

Durante la semana después de ver a Julian por última vez, habían empezado a producirse cambios muy grandes. Empecé a sentir de forma diferente y a darme cuenta de que empezaba a vivir la vida de acuerdo con mis propias condiciones y con mucha más conciencia que antes. Prestaba atención a las decisiones que tomaba sobre mi forma de pensar, sentir y actuar, y me aseguraba de que cada una de estas cosas saliera de un lugar de integridad impecable y honor auténtico. Esto, a su vez, me hacía sentir más confianza en mí mismo y más paz interior de la que había experimentado en toda mi vida. En muchos aspectos, tenía la sensación de ser imparable. Me sentía vivo. Sentía mucha alegría. Sentía que me estaba convirtiendo en una versión mejor de mí mismo. Sabía que me estaba despertando.

Sin embargo, si he de decir la verdad, empezaron a aflorar a la superficie muchos temores. Un buscador que anda por la senda que lleva a su yo auténtico y más grande siempre tendrá que afrontar temores que nunca había sabido que existían. Mientras vivimos una vida inconsciente muchos de nuestros temores viven en el reino de nuestra mente subconsciente. Ni siquiera sabemos conscientemente que están ahí. Pero están y afectan todas nuestras decisiones y gobiernan nuestra vida en un nivel invisible. Cuando despertamos y decidimos ver nuestra vida desde un marco de referencia más verdadero, nuestros temores empiezan a ver la luz del día y nosotros debemos afrontarlos. Suele ser algo que nos asusta.

Pero he aprendido que nuestros temores son monstruos de paja. Si los negamos, permanecen en el sótano, saboteando secretamente nuestra vida y empujándonos a huir de nuestros sueños. Pero si les hacemos frente e invitamos a estos monstruos horribles a subir a tomar una taza de té (si es que llegamos a conocerlos), nos damos cuenta de que eran mucho más pequeños de lo que pensamos al principio. Del mismo modo que una sombra se desvanece bajo la luz del sol, un temor empieza a evaporarse bajo la luz de la conciencia humana. Verás, las cosas a las que opongamos resistencia persistirán. Y si nos negamos a hacer el trabajo interior que se requiere para ver nuestros temores y luego analizarlos, siempre nos gobernarán. Pero si tenemos el valor de autoexplorarnos y conocer nuestros temores, pasarán por nosotros y luego serán liberados. En efecto, las cosas a las que opongamos resistencia persistirán. Las que acojamos de buen grado las superaremos inevitablemente.

Julian me contó en cierta ocasión una historia sobre un escalador que alcanzó la cima del pico que estaba escalando a mediodía. El desafío se convirtió entonces en bajar y alcanzar un lugar seguro antes de que el sol se pusiera. Al descender, observó que sol estaba cada vez más bajo. Se dio prisa, pero las horas iban pasando, la luz era cada vez más débil y el sol seguía hundiéndose en el horizonte. El escalador empezó a sentir miedo y muchos temores salieron a la superficie. Pensó que si no llegaba al pie de a montaña, se vería atrapado a medio camino y correría muchísimo peligro, incluso podía caerse y matarse.

Finalmente el sol se puso y el escalador se encontró envuelto por una oscuridad total. Preso de desesperación, buscó algún asidero y acabó agarrándose a una rama que salía de una grieta de la pared de piedra de la montaña. Pasó la noche agarrado a la rama, paralizado por el miedo, creyendo que si se soltaba, caería sobre las rocas de abajo y moriría. La noche fue una pesadilla para él, puro terror.

Pero al salir el sol se echó a reír. No podía dar crédito a sus ojos. *Su miedo era solo una ilusión.* Solo unos quince centímetros más abajo había un saliente. La oscuridad le había impedido verlo. Pero ahora, bajo la luz de la mañana, se dio cuenta de que con solo descender un poco más, hubiera podido pasar toda la noche sin correr peligro y con relativa comodidad. Sus temores eran infundados. Su terror no tenía ninguna base en la realidad. Y he aprendido que los temores son así. Nos mantienen pequeños, encadenados; nos estropean la vida. Y, pese a ello, la verdad es que cada uno de los temores que nos limitan tiene solo quince centímetros de profundidad. No permitas que estos temores se adueñen de ti. No dejes que te estropeen la vida.

Llegué al Q a las cinco de la mañana en punto. Ahora me resultaba mucho más fácil levantarme temprano y disfrutaba de las horas de más que ello me ofrecía. Tal como sugiriera Julian, utilizaba este «campamento base» del principio del día para trazar planes, visualizar, contemplar y leer los grandes libros sapienciales. Esto me conectaba con las verdades esenciales que había en los cimientos de las grandes vidas. Leer cada mañana también me inspiraba y me recordaba que ninguna vida, por maravillosa que sea, se libra de problemas y retos. Las únicas personas que no tienen ningún problema son las que ya reposan en la tumba. De hecho, la existencia de problemas y retos es lo que nos hace más grandes, más fuertes y más sabios. Podemos huir de ellos y sentirnos amargados, quejarnos de que la vida es dura. O podemos abrazarlos y mejorar. Generalmente es en las épocas en que mayor es nuestro dolor cuando más íntima es nuestra conexión con quien verdaderamente somos y estábamos destinados a ser. Martin Luther King Jr. dijo una vez: «La magnitud esencial de un hombre no es dónde está en los momentos de confianza, sino dónde está en los momentos de desafío y controversia».

Al entrar en el vestíbulo, vi que Julian estaba charlando con los empleados de recepción. Les hacía reír y él también reía. Me bastó oírle reír para reír yo también. Su risa era tan pura, real e infantil. Nunca había conocido a nadie como Julian. Era tan auténtico, sin ninguna fachada. Me parecía la clase de persona que todos queremos llegar a ser: alegre, cariñosa, sabia... y sin miedo.

Me sorprendió ver que hoy llevaba puesta la túnica. Había pensado que iría vestido en plan informal, pero me encantaron su atuendo y el esplendor que reflejaba. Presentí que Julian se enorgullecía de llevar el atuendo tradicional de los Sabios de Sivana. También me dio la sensación de que la túnica le recordaba no solo la senda elegida, sino también a los sabios.

—Buenos días, amigo —gritó desde el otro extremo del vestíbulo—. Solo me estaba divirtiendo un poco con estos madrugadores. Un club importante del que todos somos socios, ¿sabes? No hay nada como un poco de disciplina para que la vida sea grande y bella.

—Ya veo. Me estoy acostumbrando a ello.

—Pues estupendo —dijo acercándose y rodeándome muy afectuosamente con uno de sus brazos bronceados—. Te he echado de menos, ¿sabes?

—Lo mismo digo, Julian. Menudo día tuvimos la semana pasada. Estoy impaciente por ver de qué va la sesión de entrenamiento de hoy.

—Hoy aprenderás la Tercera de las siete Etapas del Autodespertar, Dar. La Tercera Etapa trata exclusivamente de ver con nuevos ojos. Verás, amigo mío, la mayoría de los habitantes del planeta viven a ciegas, se limitan a seguir a la multitud. Viven una mentira. Piensan que ven la realidad al ir pasando los días, pero no son más que parte de esa multitud que contempla imágenes falsas que parecen reales en la pared de la cueva. Ven una ilusión. La vida es mucho más de lo que creen. No tendrían que traicionarse a sí mismos viviendo bajo creencias, valores y suposiciones que, en el fondo, saben que no son buenos para ellos. No tendrían que vivir como los demás esperan que vivan. No tendrían que enterrar sus sueños y vivir una vida de mediocridad y aburrimiento absolutos. Pueden romper sus cadenas, defender su vida más grande y ver el mundo con ojos nuevos, ojos que ven la verdad en lugar de ver mentiras.

—¿Puedes recordarme cómo se llama la Tercera Etapa, Julian? —pregunté al salir del hotel y tomar un taxi.

—La Tercera Etapa se llama «Conciencia de Maravilla y Posibilidad». Cuando un buscador ande por la senda que lleva a casa, a su verdadero yo, a su destino, deje la mentira de la Primera Etapa y decida comprometerse a caminar hacia la vida que le fue destinada en el Punto de Elección de la Segunda Etapa, inevitablemente llegará a la Tercera Etapa. Es el momento en que empieza a ver que hay un mundo totalmente distinto del que siempre ha conocido. Al llegar a él, el ser humano llega a un mundo increíble. Solo piénsalo. El buscador ha dejado los grilletes de la multitud y hace las cosas de forma mucho más auténtica. Los límites han desaparecido. *Está preparado para jugar con la posibilidad*. Reflexiona sobre los valores, las creencias y los comportamientos que le parecen apropiados para él, prescindiendo de lo que piensan los demás. Es fiel a sí mismo. También está ahondando más que nunca en sí mismo, examinando sus temores, sus actitudes y todas las maneras de dirigir su vida que quienes le rodean le han enseñado a creer que le harán triunfar en el mundo. Es un momento en el que se producen muchos cambios, desde luego. Pero también es un momento de gran emoción.

—¿Cómo es eso?

—Porque realmente está empezando a ver la verdad. Está empezando a darse cuenta de que este mundo nuestro es un milagro. Es un espléndido universo de maravilla y posibilidad. Sí, en esta etapa el buscador deja «lo conocido», el lugar donde ha vivido hasta ahora, y entra directamente en lo desconocido, un lugar de incertidumbre y misterio. Y, por supuesto, eso le asustará porque los seres humanos siempre sienten miedo cuando salen de su medio natural. Pero solo en el reino de lo desconocido viven las posibilidades nuevas. Nada nuevo vive en el reino de lo conocido, porque si viviera en él, no sería nuevo, ¿verdad? —preguntó Julian.

—Me parece que ya te entiendo —contesté, viendo hacia dónde iba Julian con sus razonamientos—. Estás diciendo que solo en estos lugares desconocidos, extraños, viven las posibilidades más elevadas para mi vida. ¿Correcto?

—Exactamente. Colón fue el primer europeo en ver el Nuevo Mundo porque estaba dispuesto a dejar los lugares que conocía y visitar los que le daban miedo... tierras nuevas, inexploradas. Todos los descubrimientos y todas las innovaciones son obra de mujeres y hombres que se atreven a probar lo desconocido. Necesitas andar hacia tus temores y estar dispuesto a ir a lugares nuevos para crecer como persona y descubrir los tesoros que te esperan como ser humano. Quedarte en el mundo en el que siempre has vivido es seguir siendo pequeño y temeroso.

—Ya lo entiendo —dije con satisfacción.

—Así que cuando el buscador que va por la senda que lleva a la iluminación abandona la mentira bajo la que ha vivido y toma la decisión primaria de recuperar su poder auténtico y su vida verdadera, empieza a cambiar la manera en que verá el mundo. Verá realmente el mundo con nuevos ojos. Verá realmente cómo empieza a desplegarse una experiencia totalmente nueva de la realidad. Entrará en un mundo nuevo en el que abundan la maravilla y las nuevas posibilidades de elegir. Sé que esto ya ha empezado a ocurrir en tu vida, Dar. Y mientras continúes andando por la senda consciente que has elegido vivirás todavía más experiencias.

—¿Podrías ponerme algunos ejemplos?

—Desde luego. Al entrar en la Tercera Etapa, empezarás a experimentar sentimientos nuevos para ti. O, para ser más exacto, empezarás a experimentar los sentimientos que experimentaste cuando eras un niño pequeño pero que reprimiste cuando el mundo que te rodeaba te enseñó que no era de buena educación cantar demasiado fuerte o brillar con demasiada intensidad. Empezarás a sentir la clase de alegría que hace que los ojos se llenen de lágrimas y la clase de gratitud por estar vivo en un día soleado que hace latir tu corazón con más fuerza.

—Muy bien —dije lleno de entusiasmo, ansiando experimentar las maravillas de las que hablaba Julian y sabiendo que algunas de ellas ya habían empezado a entrar en mi vida desde que empezara el entrenamiento.

—Experimentarás tus sentimientos en un nivel completamente nuevo... y debo mencionar que no solo empezarás a sentir las subidas que no has sentido durante muchos años, sino también algunas de las bajadas —dijo Julian—. Sí, en esta etapa sentirás más felicidad y más deleite de los que has sentido desde hace años. Pero también podrás ascceder a tu pozo de dolor. Empezarás a conocerte a ti mismo más profundamente que nunca antes porque estás dejando la mentira que en otro tiempo era tu vida y despertando a la verdad. Y la verdad es que has negado gran parte de tu tristeza. Al dejar la persona que eras en otro tiempo, al dejar tu naturaleza original mediante el proceso de autotraición, parte de ti ha muerto. Y eso te ha hecho daño. Al dejar tu yo auténtico y salir a este mundo nuestro, un mundo que está lleno de miedo en lugar de amor, dentro de ti creció una gran tristeza. No solo eso, sino que el mundo te hizo daño de varias maneras. La gente aplastó tus esperanzas. La gente ahogó tu espíritu. La gente pisoteó tus sueños. Te dijeron que actuaras de maneras que tú sabías que no te convenían. Te enseñaron a tener miedo a las cosas y a comportarte de maneras que tu parte más grande y mejor sabía que estaban mal. Pero lo hiciste.

—Para ser amado y encajar en la multitud —le interrumpí, recordando lo que Julian me había enseñado.

—Exactamente. Así que debes procesar esta tristeza. Debes analizar las penas que has acarreado durante años y las viejas heridas que han estado enconándose dentro de tu parte subconsciente. Cuando lo hagas, la estrecha franja de sentimiento que hace que la mayoría de la gente viva una vida gris y sin color empezará a hacerse más ancha. Al sentir una parte mayor de la tristeza y el dolor que te has tragado, también adquieres la capacidad de sentir una parte mayor de las alegrías y los deleites de la vida. Empezarás a sentirte conmovido por un amanecer y encantado ante un arco iris. Te darás cuenta de que el mundo es un lugar mucho más lleno de color y mucho más vital de lo que creías que era. También empezarás a sentir más amor del que has sentido desde hace mucho tiempo. Y no será solo amor a quienes te rodean, sino también amor a ti mismo.

—Increíble.

—En la Tercera Etapa, al dejar la ilusión que ha sido tu vida y empezar a ver el mundo como lo que es en realidad, un lugar de belleza asombrosa, el ritmo del sincronismo en tu vida se acelerará también. Verás, amigo mío, cuanto más valor y convicción muestres al vivir la vida que el universo quiere que vivas, más bendiciones te mandará. Te dará luz verde. Sucederán cosas que te asombrarán. En tu vida aparecerán personas en el momento perfecto, casi como si fueran ángeles enviados a ayudarte a conseguir lo que quieras. En algunos sentidos, casi tendrás la sensación de que te guía un par de manos invisibles que te llevan a la vida bella que en otro tiempo vivía solo en el reino de tu imaginación. Tus sueños empezarán a convertirse en tu realidad.

Mientras el taxi avanzaba por las áridas calles de la ciudad, Julian sacó un pedazo de tela de debajo de su túnica y, sin darme tiempo a decir nada, se inclinó y me vendó los ojos.

—¿Qué pasa, Julian? —pregunté con una mezcla de sorpresa y excitación—. No veo nada.

—Relájate, amigo. Esto tiene un sentido. Verás, la mayoría de los habitantes del planeta viven hoy con algún tipo de venda en los ojos. Están en tinieblas, por así decirlo. Se encuentran en un estado de ignorancia total en lo que se refiere a cómo funciona realmente el mundo y al papel que están destinados a interpretar en él. En esencia, la mayoría de la gente (y no es mi ánimo despreciar a nadie, solo digo parte de la verdad) vive de una manera que solo puede calificarse de «inconscientemente incompetente».

—¿Exactamente qué quieres decir con eso, Julian? —pregunté mientras continuaba el viaje en taxi a un destino desconocido.

—Pues que, al aprender una habilidad, ya se trate de montar en bicicleta o de vivir una vida magnífica, hay cuatro períodos de estancamiento que el aprendiz debe atravesar en su camino hacia un nivel de maestría. El primer período o fase es el de la «incompetencia inconsciente». En este punto el estudiante no solo es incompetente, sino que carece de toda conciencia de por qué es incompetente. Dicho de otro modo, en esta fase el estudiante no sabe lo que no sabe. Así que, utilizando el ejemplo de la bicicleta, el estudiante no sabe montar en ella y no tiene idea de qué conocimiento es el que no tiene para montarla. Por desgracia, muchas personas pasan los mejores años de su vida en este nivel del principiante.

—Pasan por la vida con una venda metafórica en los ojos, inconscientes de quiénes son realmente y de cómo estaban destinados a vivir —confirmé, sin quitarme la venda.

—Exactamente. Estas personas no dedican tiempo a reflexionar sobre cómo se están comportando, sobre la calidad y la naturaleza de las decisiones que toman y sobre lo que es necesario mejorar con el fin de jugar sus mejores partidos como seres humanos en el campo de juego de la vida. Ahora bien, si hay disposición a aprender, algunas personas ascienden a la segunda fase, llamada «incompetencia consciente». En este nivel el aprendiz todavía es incompetente en lo que se refiere a la habilidad, pero al menos ahora es consciente de todo lo que no sabe y necesita aprender. En el ejemplo de la bicicleta, todavía no puede montar en ella, pero sabe que debe mejorar su equilibrio, sujetar el manillar de determinada manera y utilizar los pedales de un modo específico para que la bicicleta avance. La conciencia está creciendo. Y al crecer la conciencia de lo que no sabes, puedes tomar nuevas decisiones. Y de las decisiones nuevas, y mejores, nacen cambios positivos.

—¿Qué me dices de un ser humano en el nivel de «incompetencia consciente» en la habilidad de vivir la vida? ¿Cómo sería eso?

—Excelente pregunta —comentó Julian en el momento en que el taxi aceleraba—. Un individuo en esa circunstancia seguiría encontrándose muy lejos de la maestría, pero al menos despertaría a la realidad en el sentido de que sería muy consciente de todo lo que no sabía y necesitaría aprender. Aunque seguiría siendo incompetente en el vivir, poseería la conciencia requerida para ver todos los errores que cometiera. Por ejemplo, podría ver todos los campos de su vida donde sus temores le gobernaban o todas las veces en que pecara de falta de integridad. Podría ver todos los casos en que no fuera auténtico o se conformara con la mediocridad en lugar de la magnificencia. Y dado que la conciencia precede a la elección y que las nuevas decisiones crean nuevos cambios en la vida, daría algunos pasos de gigante hacia delante. Esta clase de conocimiento le llevaría entonces a la tercera fase, la llamada «competencia consciente». En este nivel el estudiante se ha vuelto competente. Sin embargo, todavía tiene que invertir mucha energía en prestar atención a lo que hace; aún no ha alcanzado un nivel de maestría, pero no cabe duda de que hace progresos. Volviendo a la metáfora de la bicicleta, ahora el aprendiz puede montarla bien. Pero todavía tiene que ser muy consciente de cómo sujeta el manillar, de cómo mantiene el equilibrio y de cómo pedalea.

—¿Y cómo es alguien que está en la fase de «competencia consciente» *en su vida*?

—Hace progresos. Ha accedido a muchas de las leyes naturales que gobiernan el mundo. Ha dejado la mentira que era antes su vida y ahora es muy consciente de toda su autotraición. Ha dejado la multitud y ahora vive la vida de acuerdo con sus propias condiciones, escuchando los susurros silenciosos de su corazón y atendiendo a los dictados de su conciencia. Pero todavía debe tomar sus decisiones cotidianas de forma muy consciente y deliberada. Todavía tiene que prestar mucha atención a todo lo que hace. Muchos buscadores que se hallan en la senda de su vida más grande llegan a este lugar, y debo decirte que es un lugar maravilloso. Pero, si estás dispuesto y te entregas a ello, puedes alcanzar un nivel aún más alto, el de la «competencia inconsciente». En este plano elevado el estudiante alcanza el nivel de la verdadera maestría en la habilidad que esté aprendiendo. En esta fase, el que monta en bicicleta ya no tiene que pensar en nada. Sencillamente sale de casa, monta en la bicicleta y baja corriendo por la calle, prestando mucha más atención al viento que azota su rostro y a los rayos de sol que caen sobre su espalda que a las posiciones del manillar. Y alguien que vive la vida en este nivel está plenamente comprometido con el momento presente. Sería un maestro en la forma de vivir la vida. Sería infinitamente sabio y despierto. Y esto sería estupendo —comentó Julian en el momento en que el taxi paraba en seco con un chirrido.

»Ya hemos llegado, amigo mío. Por favor, no te quites la venda hasta que entremos en el edificio.

—¿Dónde estamos?

—Una de las cosas más importantes que debes hacer en la Tercera de las siete Etapas del Autodespertar es soltar el control. Debes estar dispuesto a dejarlo. *Debes estar dispuesto a renunciar a todo lo que has sabido y entrar en una realidad nueva.* Sí, esto puede resultar muy difícil, pero también será uno de los mejores pasos que des en tu vida y abrirá un universo de posibilidades y muchísimos dones preciosos. El escritor Marcel Proust lo dijo muy bien: «No esperes la vida. No la anheles. Sé consciente, siempre y en todo momento, de que el milagro está en el aquí y ahora». E. E. Cummings lo dijo de forma aún más sucinta: «Hace falta valor para crecer y convertirte en quien eres verdaderamente».

Nos apeamos del taxi y Julian me tomó del brazo para llevarme hasta el edificio, con los ojos todavía vendados.

—De acuerdo, amigo, ya puedes salir de las tinieblas y entrar en el lugar de maravilla.

Me quité la venda. Inmediatamente me di cuenta de que estábamos en una de las salas principales de nuestra galería de arte local. Julian sonreía.

—Durante todo el mes la galería será el marco de una exposición internacional dedicada a Salvador Dalí. Tienen algunas de sus obras más famosas. Su arte es increíble... todos los días paso horas aquí, sencillamente contemplando sus cuadros. Te he traído para algo que tiene que ver con la Tercera Etapa del viaje del buscador. Una vez te liberes de la mentira que en otro tiempo era tu vida y hayas decidido despertar y caminar por la senda consciente, tu vida entrará inevitablemente en la Tercera Etapa y empezarás a ver el mundo con nuevos ojos, como ya te he dicho. Caminar por esta senda no siempre será fácil... eso ya lo sabes ahora. Pero es la única senda por la que has de caminar si quieres vivir la vida noble que se trazó para ti. «El valor cotidiano tiene pocos testigos. Pero el tuyo no es menos noble porque ningún tambor redoble ante ti y ninguna multitud grite tu nombre», escribió Robert Louis Stevenson. La venda que antes te impedía ver lo grande, bello y rico que es verdaderamente este mundo nuestro caerá y entonces verás tu vida como una obra de arte. El arte de Salvador Dalí no se parece al de ningún otro pintor. Veía el mundo a través de unas lentes distintas y, como resultado, creaba obras cuya fuerza quita el aliento y cuyo efecto creativo no tiene rival. Quiero que sigas saliendo de las tinieblas que antes eran tu vida. Quiero que sigas siendo «conscientemente competente» en la forma de dirigir tu vida para que un día alcances el nivel de maestría y poder auténtico que llamamos «competencia inconsciente». Quiero que crees una vida que en verdad se considere una obra de arte. Tienes el potencial para ello. Todos lo tenemos, de hecho. Todo se reduce a si quieres hacer el trabajo interior que se necesita para llegar allí. Conviértete en el Salvador Dalí de tu vida, amigo mío, y sencillamente contempla las maravillas que se desplegarán ante ti.

Julian y yo pasamos el resto de la mañana recorriendo la galería, examinando las obras expuestas y disfrutando de nuestra mutua compañía. Julian me abrió todavía más su pecho y me habló de los desafíos personales que había afrontado en sus tiempos de abogado y de algunas de las circunstancias que le habían empujado a dejar la abogacía e irse a la India en busca de respuestas para las preguntas que le atormentaban. Me hizo reír más de lo que había reído en mucho tiempo al contarme algunas anécdotas y aventuras como abogado de la jet-set. Y me hizo derramar lágrimas cuando me dijo que su abandono de la abogacía, que dio mucho que hablar, había sido el resultado de algo que pocos sabían: la muerte de su única hija cuando un automovilista borracho chocó con el coche en el que iba de pasajera.

—«La vida te traerá dolor ella sola» —dijo Julian, citando al famoso psicólogo Milton Erickson—, tu responsabilidad es crear alegría. La vida me ha propinado algunos reveses de consideración. Pero soy de los que siempre salen a flote y nada puede conmigo. También he descubierto que nada de lo que nos sucede en la vida tiene otro sentido que no sea el que nosotros le atribuimos. El dolor y el sufrimiento son solo fruto del juicio. Al liberarnos del juicio y dejar de etiquetar las cosas como «positivas» o «negativas», y sencillamente al aceptarlas como oportunidades de evolucionar hasta convertirnos en nuestro yo más grande, nuestra vida se transforma. En realidad no hay experiencias «malas», ni siquiera buenas. *La vida sencillamente es*, si entiendes lo que te digo. Por medio de nuestra manera de interpretar y procesar las experiencias de nuestra vida damos forma a nuestra realidad. Nuestros pensamientos forman nuestro mundo, en muchos sentidos. Yo veo la vida como una aventura espléndida. Los tiempos difíciles alimentan mi crecimiento y me hacen más sabio. Las rectas fáciles me llenan de alegría y parecen recompensarme por vivir de acuerdo con las reglas naturales del juego. Tal como Peter nos dijo la semana pasada, la vida es realmente corta, amigo mío, y necesitamos dar pasos diarios para acceder a la grandeza que reside dentro. La vida es un viaje sensacional y personalmente pienso disfrutar de ella.

SIETE

El buscador recibe instrucciones de los maestros

> Primero dite a ti mismo lo que querrías ser; y luego haz lo que tengas que hacer.
>
> EPICTETO

> ¿Y si descubriera que el más pobre de los mendigos y el más insolente de los ofensores están dentro de mí, y que tengo necesidad de las limosnas de mi propia bondad; que yo mismo soy el enemigo al que hay que amar... entonces qué?
>
> CARL G. JUNG

Había sido un mes muy lleno desde mi último encuentro con Julian en la galería de arte. Ahora me levantaba temprano y dedicaba mucho tiempo a reflexionar en silencio, ahondando en mí mismo más que nunca. Adquirí conciencia íntima de muchas de las pautas que había seguido durante años, formas de pensar, sentir y actuar que, antes de mi entrenamiento con Julian, nunca había reconocido. Era verdad que la conciencia precedía a la elección de cosas nuevas. ¿Cómo podía elegir mejores formas de vivir si no era consciente siquiera de lo que necesitaba mejorarse? Y las cosas nuevas que elegí realmente condujeron a nuevos cambios. Empecé a ver cuán a menudo me saboteaba a mí mismo y limitaba la magnitud de mi vida. Busqué detrás de mis comportamientos y, por primera vez en la vida, hice un serio examen de conciencia para averiguar cuáles eran sus causas fundamentales. Fue un período tremendamente apasionante a medida que fui conociéndome a mí mismo. También fue un período de cierta tristeza al empezar a observar con qué frecuencia me traicionaba a mí mismo.

Durante las semanas que pasé lejos de Julian también empecé a pillarme cuando estaba a punto de caer en alguno de aquellos viejos comportamientos contraproducentes que ahora podía ver que me habían causado tanto dolor y tanto sufrimiento. Mientras que antes hubiera reaccionado de forma negativa, sin pensar, ahora hacía una pausa antes de reaccionar. Era increíble ver con qué frecuencia actuaba al dictado de la gente o las circunstancias. Ahora, gracias a los sabios consejos de Julian, me hice dueño de mi forma de sentir y me di cuenta de que *todo empezaba por mí*. Me asombró verlo y me sentí mucho más satisfecho de mí mismo. Supongo que realmente estaba creciendo y convirtiéndome en la persona que estaba destinada a ser.

Durante una conversación que sostuve con él por teléfono, Julian me confirmó que era una de las señales más visibles del crecimiento personal. También me hizo saber que los neurocientíficos habían descubierto poco antes que los seres humanos tienen una oportunidad de 0,25 segundos entre un estímulo y la correspondiente respuesta durante los cuales pueden reflexionar y elegir mejor. Sugirió que era dentro de este espacio de 0,25 segundos donde podía modificar gran parte de mi comportamiento y reformar gran parte de mi vida, tomando las decisiones superiores que se requerían para llevarme a un estado mucho más despierto.

Cuanto más pensaba en todo lo que Julian había compartido conmigo, más empezaba a comprender que Julian había formulado una filosofía profundamente sabia pero a la vez extraordinariamente práctica para vivir una vida bella. Sí, mis decisiones diarias influirían mucho en la forma en que resultaría mi vida. Yo desempeñaría un papel enorme en la creación de lo que quería. Pero mi destino acabaría siendo el resultado de mucho más de lo que yo, como ser humano, podía escoger o controlar. Como solía decirme Julian en nuestras sesiones de entrenamiento: «Tú haz todo lo posible y luego deja que la naturaleza haga el resto». Lo único que podía hacer yo era tratar de ser tan buena persona como fuera posible y vivir tan verdaderamente como pudiese en cada etapa de la senda. Luego la vida se haría cargo de todo y me llevaría a donde debía estar. Quizá no siempre me gustaría el lugar donde acabaría estando, pero Julian hacía hincapié en que necesitaba confiar en que el lugar adonde me guiaría la vida era el lugar donde experimentaría el crecimiento más grande, la curación más elevada y el aprendizaje más eficaz. Había un orden superior que era en definitiva el que llevaba la batuta, un orden superior que yo no podía comprender con la percepción limitada de que disponía como ser humano.

Yo jugaba mucho al tenis mientras iba creciendo y la filosofía personal de Julian sobre la asociación entre el destino y la elección, la manera como repercuten en la forma en que se desarrolla nuestro destino, a veces me recordaba dicho juego. Parecía que lo único que yo podía controlar era lo que sucedía en mi parte de la pista. Mi única obligación era hacer mi mejor saque y dar mi mejor golpe. En lo que se refería a la vida, tenía la obligación de dejar que mi luz brillara y actuar alrededor de mis sueños. No hacerlo significaba menospreciar los dones que se me habían otorgado. Pero después de hacer lo que debía hacer y enviar la pelota al otro lado de la pista, necesitaba distanciarme de los resultados... y relajarme. Necesitaba confiar en el carácter amistoso de este universo infinitamente sabio que es el nuestro. El miedo era la única causa de que me preocupasen los resultados. Julian me prometió que una vez me liberase del miedo y confiara en el plan general, vería que *las cosas siempre salían bien.*

También aumentó mi comprensión del imperativo de la responsabilidad personal y el concepto de rendición de cuentas durante el mes transcurrido desde el último encuentro con Julian. Si bien me daba cuenta de que el destino había trazado un plan general para mí, veía con más claridad que nunca el poder que poseía para rellenar los espacios en blanco con mi forma de actuar. Si era auténtico, hacía lo correcto, aplicaba mi talento a crear lo que quería y perseguía mis sueños, sin duda alguna mi vida iría mejor que nunca. «El cielo ayuda a quienes se ayudan a sí mismos», me había dicho Julian. «Gran parte de tu suerte realmente puedes crearla tú mismo.» Todo era en realidad un gigantesco número de malabarismos, un guardar el equilibrio entre el poder de mis decisiones y las manos del destino, de hacer que sucedieran cosas y dejar que sucedieran cosas, de hacer y ser.

De todas las cosas nuevas que había aprendido, tal vez la que más me había impresionado era la creciente conciencia de todo aquello a lo que me había resistido en mi vida. Julian creía firmemente en «afrontar de forma constante tus resistencias» y cuanto más pensaba yo en ello, más veía todas las cosas de las que había huido. El autor Sam Keen escribió que «nos vemos atrapados por aquello de lo que huimos». Palabras veraces.

Julian me había pedido que me reuniese con él en una escuela que era propiedad del Stone Institute for Gifted Children. Me había citado a última hora de la tarde y yo me preguntaba qué habría planeado para mí mi audaz entrenador. También me preguntaba cuánto tiempo seguiría teniendo el privilegio de que me entrenase Julian. Los medios de información no sabían que Julian había vuelto a la ciudad y me constaba que él había procurado pasar desapercibido. Por lo que había podido averiguar, se pasaba el día haciendo de voluntario en el hospital donde había conocido a Peter, comulgando con Salvador Dalí en la galería de arte, trabajando conmigo cuando el momento era propicio y en él mismo por medio de la meditación, la lectura, su diario y la reflexión paciente. También me informó de que dedicaba mucho tiempo a pasear por el bosque y comulgar con la naturaleza. Julian era verdaderamente un hombre muy sencillo. También me resultaba cada vez más claro que era verdaderamente un gran hombre y sanseacabó.

Al entrar en el edificio, vi un papel con la letra de Julian pegado con cinta a la pared. Decía: «La vida es una escuela de crecimiento, creada idealmente para darnos oportunidades de aprender cada una de las lecciones que necesitamos aprender en el transcurso de nuestra vida en el planeta. Vivimos en la "Escuela Tierra"». Y uno de tus maestros espera con entusiasmo tu llegada. Estoy en el aula 101. El programa de esta noche se titula *Despertar el Mejor Yo*». Al pie de la página figuraban las siguientes letras: «E. M. Q. V. S. F.». Supe que querían decir el monje que vendió su Ferrari. Al lado de las letras había una cara sonriente.

Anduve por el pasillo oscuro. De pronto oí el sonido de un tambor. Al dirigirme hacia él, resultó claro que salía del aula 101. No tenía ni idea de lo que sucedería seguidamente. La puerta estaba cerrada y el sonido del tambor se hacía más fuerte a medida que iba acercándome. El corazón empezó a latirme con fuerza. ¿Qué estaba pasando al otro lado de la puerta?

«Visita los lugares que te dan miedo», era una de las frases con las que me había comprometido a vivir y se basaba en las enseñanzas de Julian. Así que me armé de valor, abrí la puerta y entré. La habitación estaba iluminada solo por centenares de velas pequeñas que formaban un círculo grande. En el centro del círculo se encontraba Julian en persona, vestido con su túnica y tocando su tambor de manera rítmica y dramática. Tenía los ojos cerrados y entonaba en voz baja el siguiente lema: «Dentro de tu corazón residen todas las respuestas. Camina hacia tus temores y entonces aprenderás a volar». Repetía incesantemente las mismas palabras. No abrió los ojos ni una sola vez. Era casi como si estuviese sumido en un trance profundo. Cerré la puerta a mis espaldas y sencillamente me quedé allí de pie. Al cabo de unos cinco minutos, Julian dejó de tocar el tambor. Un silencio total reinaba en la habitación. Julian abrió los ojos.

—Bienvenido, Dar. Perdona mis métodos heterodoxos de enseñanza —dijo con una sonrisa—. Como siempre, juzga por los resultados. Descubrirás, a medida que pase el tiempo, que mi proceso de entrenamiento hará maravillas en tu vida. Sencillamente sigue confiando. Has sido un alumno brillante hasta ahora. Quiero darte las gracias por ello. Y sé que ya estás atrayendo tu vida más grande hacia ti.

—¿Dónde quieres que me siente, Julian? —pregunté, esperando con impaciencia el entrenamiento para la vida que estaba a punto de recibir.

—Ven aquí, al centro del Círculo de la Verdad. Los indios americanos creen que la vida se vive en un círculo. Lo llaman «el Círculo de la Vida». Al terminar nuestra vida, volvemos al lugar donde empezamos el viaje. Un círculo habla de compleción e integridad. Dentro del círculo de esta noche diremos solo la verdad. *Recuerda que el propósito de la vida es hacer el viaje de vuelta a la compleción, al lugar de integridad, a tu yo auténtico… el que no tiene miedo, es omnisciente y está lleno de amor sin límites. El propósito de la vida es llenar el Vacío de Integridad.*

—No estoy familiarizado con el concepto de Vacío de Integridad. ¿Debería estarlo?

—No, amigo. Te lo estoy presentando ahora solo porque estás preparado para él. Desde que nos vimos por primera vez he hablado de lo que nos sucede a los seres humanos después de nacer, el proceso por el cual perdemos la conexión con quienes somos verdaderamente. Nacemos auténticos y puros. Nacemos sin miedo y con el corazón abierto de par en par. Nacemos conociendo las leyes naturales que gobiernan el mundo y por qué estamos aquí. Pero, y sé que esto tú lo sabes, queremos complacer a quienes nos rodean y encajar en la multitud…

—La multitud que contempla una realidad falsa que baila en la pared de una cueva en vez de una representación exacta de la verdad —le interrumpí, refiriéndome a la metáfora de la cueva en *La República* de Platón que Julian había compartido conmigo durante la sesión de entrenamiento en las cuevas de Camden.

—¡Así es! —gritó, agitando un puño en el aire—. El proceso por el cual dejamos nuestro yo auténtico y nos convertimos en las personas que no somos (adoptando las creencias, los valores y los comportamientos de quienes nos rodean) se llama *inculturación*. Y al abandonar nuestro verdadero yo, convirtiéndonos en nuestro yo social, empieza a formarse un vacío. Abandonamos nuestra naturaleza original y adoptamos la máscara falsa de la personalidad. Caemos de la integridad, y de ahí el Vacío de Integridad. Cuanto mayor es el vacío entre quienes somos verdaderamente y la imagen pública que presentamos al mundo, menos funcionará nuestra vida. Cuanto mayor sea el abismo, menos nos apoyará el universo porque hemos olvidado quiénes somos y ya no jugamos de acuerdo con las reglas que debían gobernar nuestro juego. Con un amplio Vacío de Integridad, sentiremos poca alegría, tendremos poca energía y viviremos vidas pequeñas. Viviremos en el «culto a la personalidad», lo cual no es la manera en que estábamos destinados a vivir. Tu personalidad no es real. Es simplemente algo que has creado para gustar... no, para ser amado. Te has puesto una máscara social, por miedo.

—¿En serio?

—En serio. Un niño pequeño que ansía amor lleva la voz cantante en la mayoría de las personas. Este niño pequeño teme no ser amado. Este niño pequeño teme no encajar. Este niño pequeño proyecta a su mamá y su papá sobre todos los otros adultos que le rodean y alberga la esperanza de que si actúa como ellos, como la multitud, recibirá la aprobación que tan desesperadamente busca. ¿Empiezas a ver por qué hay tantas personas entre nosotros que temen caminar por la senda de la verdad? En un nivel muy hondo y a menudo desapercibido, temen no ser amadas. Y todo ser humano tiene un deseo primario de ser querido. Así que caemos en una trampa. Nos traicionamos a nosotros mismos, renunciamos a nuestros sueños y adoptamos maneras de ser que nunca estuvieron destinadas a nosotros.

—Y esto crea un Vacío de Integridad que nos cierra y limita nuestra vida. Y todo lo impulsa el miedo. Ahora veo por qué es tan importante que una persona trabaje en sí misma. Una vez hacemos el trabajo interior que se requiere para pasar por los temores que nos gobiernan, empujamos estas sombras hacia la luz de la conciencia humana. Y, tal como has mencionado, empujar una sombra hacia la luz la hace desaparecer. El miedo nos abandona.

—De hecho, Dar, no solo empieza a desaparecer el miedo, sino que lo sustituye el amor. Como te dije, las tinieblas no son nada más que la ausencia de luz: una vez viertas la luz de la conciencia y la comprensión humanas en los recovecos más oscuros de tu ser, te convertirás en un ser lleno de luz. Donde en otro tiempo había miedo, habrá amor. Recuerda lo que significa ser un «iluminado»: alguien lleno de luz. Cada paso que des para llenar el Vacío de Integridad es un paso hacia casa, hacia el estado de iluminación que verdaderamente eres. Con cada paso que puedas dar para ser amor cuando el miedo quiere poseerte, recuperas, y recuerdas, tu naturaleza original. Todo lo que hagas para presentar tu yo más grande al mundo tiene el efecto correspondiente de ayudar a recuperar el poder auténtico con el que naciste. Por eso te dije que pienso que todo el concepto del autoperfeccionamiento es una tontería. La misión de todo ser humano no es perfeccionarse. Ya somos perfección, en el sentido más hondo, y no se puede perfeccionar la perfección. ¿Te he contado la historia del Buda de oro, amigo?

—No, creo que no.

Julian se sentó en el centro del Círculo de la Verdad y cruzó las piernas. La trémula luz de las velas creaba un clima de misticismo en la habitación. Una paz absoluta parecía embargar a Julian, cuya mirada parecía conectar con una parte profunda de mi ser. Era casi como si estuviese mirando mi interior, pidiendo a la parte más noble y real de mi ser que se revelara.

—Hace muchos años, en Oriente, había un grupo de monjes que tenía una enorme estatua de oro de Buda a la que idolatraban. Rezaban a la estatua, meditaban a su alrededor y apreciaban la presencia de este en sus vidas. Llegó un momento en el que sobre el lugar donde vivían se cernió la amenaza del ataque de unos invasores extranjeros. Cada uno de los monjes temía perder el tan preciado bien de la comunidad, así que todos se pusieron a pensar en maneras de protegerlo. A uno de ellos se le ocurrió un plan sencillo pero aparentemente eficaz: trabajarían juntos para poner capas de barro sobre el Buda de oro en un intento de cubrirlo y esconderlo. Y el plan salió bien: los invasores no lo encontraron.

—Muy interesante.

—Pero hay más, amigo mío. Al cabo de unos años, un joven monje estaba dando su paseo matutino cuando vio que algo brillaba en medio de la montaña de tierra junto a la que había pasado tantas veces. Llamó a las monjas y los monjes y empezaron a quitar el barro seco que cubría el Buda de oro. A medida que iban quitando una capa tras otra, el oro se hacía más visible. Finalmente, una vez hubieron quitado todas las capas, apareció el Buda de oro en todo su esplendor. Ante ellos tenían un tesoro sin precio.

—Una historia magnífica —reconocí.

—Bien, es una metáfora convincente para nosotros esta noche. Verás, la vida consiste en recibir una educación. Si prestas atención, la vida te enseñará cada día las lecciones que necesitas aprender. El problema es que la mayoría de la gente no hace caso. El problema es que la mayoría de la gente está dormida, inconsciente. Como sabes ahora, se queda en la Primera de las siete Etapas del Autodespertar. Pero al despertar y atravesar las etapas hacia la recuperación de tu mejor yo y el estado final de iluminación, conocerás tu naturaleza original. Cada día te proporcionará oportunidades de atravesar otra capa del barro que cubre la brillantez y el oro que verdaderamente eres. Y por esto la forma primaria de volver a casa y cubrir el Vacío de Integridad es el autodescubrimiento y hacer el trabajo interior del que hablo con frecuencia. Debes encontrar tiempo para hacer frente a tus resistencias y examinarte a ti mismo cuando las frustraciones o el miedo afloren a la superficie, en lugar de hacerlo en relación con otros y evitar la autorresponsabilidad. Cuando culpas a los demás de las cosas que te enojan o irritan desaprovechas una oportunidad preciosa de conocer mejor las sombras que te gobiernan. Pierdes la oportunidad de ahondar y sacar lo que estaba en el reino de lo subconsciente para introducirlo en el reino de lo consciente, donde podrá ser curado y liberado. Todas las personas que viven en la actualidad tienen capas de barro que cubren su yo auténtico. Algunos tenemos más capas que atravesar que otros. Asumimos estas capas al abandonar nuestro yo auténtico y unirnos a la multitud.

—Y este proceso se llama inculturación —añadí.

—Correcto. El propósito de la vida es quitar las capas para que una parte mayor del oro que hay dentro de nosotros pueda brillar y ver la luz del día, como ocurrió con el Buda de oro cuando los monjes quitaron el barro. Y lo emocionante es que *cada acto de valor, cada acto de bondad, cada acto de autorresponsabilidad tendrá una recompensa inmediata para ti: cada vez que hagas lo que sabes que es lo apropiado y sigas tu verdad en vez de los dictados de la multitud, un poco más del barro que cubre quien eres verdaderamente empieza a brillar. Cada vez que actúas con amor en lugar de con miedo, te conviertes más en quien estabas destinado a ser. Cada vez que tratas de alcanzar tus sueños y escuchas a tu corazón, recuerdas un poquito más quién eres. Así es como llegas a conocerte a ti mismo. Así es como juegas tu partido más importante. Así es como vives tu destino.*

Julian hizo una pausa, luego prosiguió:

—De modo que lo que debo enseñarte hoy, la lección más importante que puedes aprender en la Escuela Tierra, es que *el propósito de la vida es llenar el Vacío de Integridad*. Idealmente, no habría ningún vacío y la persona que presentara al mundo sería la persona que verdaderamente fueras. Idealmente, la persona que presentaras al mundo sería un reflejo perfecto de tu yo auténtico. No tendrías ningún miedo que te obligara a fingir, en un intento de encajar y ser amado. Tendrías tanto autoamor que lo que otros pensaran de ti no importaría. Siempre y cuando fueras fiel a ti mismo, todo iría bien. Y en eso, amigo mío, consiste el verdadero éxito como ser humano.

—Tu filosofía es profunda, Julian. Altera la vida, de hecho. ¿Cuáles son algunos de los instrumentos específicos que debería usar aquí, en la «Escuela Tierra», como la llamas tú, para llenar el Vacío de Integridad?

—Llevar un diario con regularidad es muy eficaz. Te ayuda a conocerte a ti mismo y a ahondar en tu autorrelación. Tu diario debería ser un lugar para visitarte y examinarte a ti mismo. Con la conciencia que aporta, luego puedes prometer que tomarás decisiones mejores. También he mencionado la meditación y el silencio. Pasar tiempo a solas y en silencio cada día es un instrumento que te ayudará a despertar y recuperar tu poder auténtico. Por supuesto, para tener éxito en la Escuela Tierra, también necesitarás buenos maestros. Y eso me lleva de forma elegante a la Cuarta de las siete Etapas del Autodespertar.

»Los buscadores que caminan por la senda del despertar son como viajeros que abandonan un mundo viejo y entran en uno nuevo. Cuando visitas un lugar nuevo necesitas guías que te dirijan y te muestren el camino. La Cuarta Etapa consiste en buscar «Instrucción de los Maestros». En esta etapa los buscadores recurren a maestros, libros y otros tipos de fuentes de aprendizaje.

Es en la Cuarta Etapa donde muchos buscadores dedican horas y horas a su diario y leen un libro tras otro. A veces incluso es posible que nazca en ti una sensación de pánico. Te sientes *frustrado* y asustado porque tu mundo está cambiando. Hay tanto que aprender en tan poco tiempo. Todo se encuentra en transición. Al aprender de tantas fuentes distintas interpretas el papel de buen estudiante. Y estás más comprometido que nunca en tu búsqueda de la verdad sobre cómo funciona la vida y tu papel en ella.

—Julian, esto es *exactamente* lo que he estado experimentando. Cuanto más he soltado el control y entrado en lugares desconocidos de mi vida, más interrogantes se me han planteado. Me pregunto quién soy en realidad. Me pregunto cuál es mi destino. Me pregunto cuáles son verdaderamente mis valores más hondos. Lucho con las suposiciones que he hecho sobre la forma en que funciona el mundo y quiero conocer las verdaderas leyes de la naturaleza sobre las que se ha edificado el mundo. También me he estado preguntando si hay un Dios y por qué he tenido que sufrir como he sufrido. Y quiero saber cómo resultará mi vida y exactamente qué necesito hacer para vivir mi vida mejor y más auténtica.

—Todas esas luchas son buenas. El hecho de que te estés haciendo estas grandes preguntas significa que estás creciendo y despertando. Estás abandonando la multitud y volviéndote más consciente. Y eso te empuja a hacer preguntas sobre todo. ¡Estupendo! A menudo hacer la pregunta apropiada representa un noventa por ciento de encontrar la respuesta correcta. De esta manera estás descubriendo *tu* verdad y *tu* vida auténtica. Y recuerda que hacer preguntas abre la puerta al conocimiento que ya existe dentro de tu corazón. Haz la pregunta apropiada y te prometo que la respuesta que buscas saldrá a la superficie… en el momento oportuno.

—¿Qué quiere decir «en el momento oportuno», Julian?

—Pues, una ley natural clave es esta: *nunca recibimos más de lo que podemos afrontar.* La senda se planifica amorosamente para ti y el conocimiento o la verdad que recibas nunca será superior a tu capacidad. Así que todas las piezas llegan a ti solo cuando estás preparado para recibirlas. El estudiante debe tener paciencia. Pero las respuestas *llegarán.*

Julian siguió hablando:

—Confía en que estás exactamente donde necesitas estar. Estás en la senda por la que han caminado muchas almas sabias antes de ti. Tu experiencia no es única. Bastará con que no pierdas la fe y continúes ahondando más y más en ti mismo. Todas las respuestas que buscas están dentro de ti. Sí, los libros y los maestros y los seminarios te ayudarán. Pero recuerda una cosa: leer el libro de otra persona es un reflejo de *su* verdad. Oír a un orador en un seminario significa oír *su* verdad y *su* filosofía sobre el mundo y sobre la vida misma. Eso está bien en esta etapa de tu viaje. *Aprender lo que piensan otros te ayudará a entender lo que realmente piensas.* Pero no cometas el error de creer que la verdad ajena es necesariamente tu propia verdad. No seas demasiado seguidor. Sé un líder. Los líderes van a donde nadie ha ido y abren su *propio* camino. Toda esta aventura consiste en ser auténtico. A medida que llegues a etapas cada vez más altas de la senda que lleva al autodominio, formularás tu *propia* filosofía sobre cómo funciona la vida y tu lugar en ella. Seleccionarás las verdades ajenas que encuentren eco en tu parte más profunda. Integrarás la sabiduría ajena que te parezca más convincente. Y debes desechar las ideas que no te digan nada y a las que no les encuentres sentido. De esta manera forjarás tus propios código y constitución auténticos para vivir tu vida más grande. Esa es mi definición del éxito: vivir tu vida a tu propia manera. Y el éxito auténtico consiste también en hallarse en el proceso, en cada momento de tu vida, de crear la vida que elijas. No vivirás la vida que otros hayan prescrito para ti, sino que vivirás de acuerdo con la verdad de tu corazón. Y te convertirás así en un poder que hará de ti una fuerza de la naturaleza en el mundo.

—Esto es verdaderamente fascinante, Julian. Como digo, es exactamente por lo que estoy pasando ahora mismo. Se ha despertado esta hambre dentro de mí. He soltado el control más que en cualquier ocasión anterior y soy muy consciente de mi ignorancia. Y el resultado es que estoy leyendo un libro tras otro. Estoy buscando todas estas respuestas. Supongo que realmente me *he* convertido en un buscador.

—Sí, Dar. Te *estás* volviendo consciente. *Estás* despertando. Estás buscando maneras de regresar a casa. Algunos libros predican el camino a la iluminación o, al menos, una vida feliz por medio del pensamiento positivo. Otros libros te dicen que salgas de tu cabeza y vivas en tu corazón. Sin embargo, otros guías te alientan a convertirte en un «buscavidas», a fijarte centenares de objetivos y a perseguir lo que quieres. Y otros libros te invitan a «estar en el ahora» y dejar que la vida te muestre amablemente lo que te deparará.

—Exactamente. ¿A quién debería creer? Todo parece tan contradictorio. ¿Vivo en el mundo o elijo la senda espiritual?

—Ah —suspiró Julian—. Estas son las preguntas que debes hacerte para encontrar *tu* verdad. Estás creciendo realmente y todo esto es bueno. Estás buscando maneras de llenar el Vacío de Integridad, de recuperar quien eres de verdad y de *recordar* tu auténtico yo. Así que experimentas con muchas modalidades distintas y estás abierto a muchos maestros distintos y eso es perfecto —comentó Julian con una sonrisa que reflejaba confianza.

—Parece que están surgiendo tantas cosas. Empiezo a darme cuenta de lo lejos de la integridad que estoy... mi Vacío de Integridad debe de ser bastante grande. Parece que llevo mi máscara social en todas las ocasiones posibles. Pienso que he vivido gran parte de mi vida sencillamente complaciendo a otras personas, a mis padres y a otras personas que me rodeaban. Pienso que ya ni siquiera sé quién soy. Hablas de tener una gran autorrelación y de «conocerte a ti mismo» como medio de alcanzar la iluminación. Realmente no tengo idea de quién soy. Eso me llena de tristeza, si he de serte sincero.

Los ojos se me llenaron de lágrimas. Nunca había sentido tanta emoción.

—Siente esa tristeza, Dar. Ya te lo he mencionado antes —replicó Julian apoyando suavemente una mano en mi espalda.

—Cuanto más puedas experimentar tus sentimientos, más se completarán dentro de ti. Los sentimientos son como las tempestades de lluvia: tienen un principio, un medio y un final. Y a medida que completes cada uno de tus sentimientos, ya sean de ira, tristeza, resentimiento o decepción, atravesarás las capas y recordarás el Buda de oro que hay dentro de ti.

Julian esperó pacientemente hasta que hube recobrado la compostura.

—De acuerdo, Dar. Si el *propósito* de la vida es llenar el Vacío de Integridad, hay que preguntarse cuál es el *proceso* por medio del cual la vida te empuja a crearlo. Verás, como he dicho, el universo quiere que ganes. La vida está montada de tal manera que estés destinado a ser feliz y pensado para ser grande.

—Pero necesito jugar de acuerdo con las reglas del juego —repliqué—. Y si no las conozco, si continúo en la Primera Etapa, no hay manera de que mi vida dé resultado.

—¡Soberbio! —exclamó Julian dándome un abrazo.

Empezó a tocar el tambor otra vez, primero suavemente, luego cariñosamente. Yo sabía que era su forma de honrarme por la sabiduría que estaba asimilando. Julian dejó de tocar y el silencio reinó de nuevo en la habitación.

—El *proceso* por medio del cual la naturaleza o el universo o Dios o la Inteligencia Infinita, o como quieras llamar a la fuente de toda la creación, te empuja a llenar tu Vacío de Integridad se llama «reciclaje». Es un término que explica cómo funciona gran parte de la vida. En esencia describe el fenómeno por medio del cual, al avanzar por la vida, se nos mandarán personas y circunstancias específicas que nos enseñen las lecciones que más necesitamos aprender en esa etapa de la senda. Digamos que la lección que necesitamos para llegar a determinado punto de nuestro viaje es la del perdón. Bien, en este caso, este universo nuestro perfectamente diseñado nos enviará una persona, por ejemplo, que nos traicione. Como siempre, podemos elegir la forma de responder a lo que suceda en nuestra vida. Si optamos por tomarnos en serio lo que nos haga esa persona y la condenamos en vez de perdonarla, se presentarán en nuestra vida tipos parecidos de «maestros». Tipos parecidos de personas *reciclarán*. El único problema es que cuanto más te resistas a la lección designada, esta volverá de forma más fuerte, más intensa y más dolorosa.

—Para que le preste atención, ¿verdad?

—Sí. Recuerda que las cosas a las que opongas resistencia persistirán, pero las que acojas con agrado acabarás superándolas. La naturaleza quiere que llenes el Vacío de Integridad, que aprendas tus lecciones mientras estés en la Escuela Tierra y con ello vuelvas a tu lugar de autenticidad. El reciclaje se produce para apoyar este movimiento, este viaje al despertar de tu mejor yo. Pero si no sabes cómo funciona la vida, la vida te golpeará con más fuerza. Si prestas atención y te despiertas y vives una vida consciente asumiendo la responsabilidad personal de tu curación y tu crecimiento, aprenderás la lección designada y te acercarás a tu yo verdadero. Al aceptar tus lecciones y tu aprendizaje, en vez de resistirte a ellos, el vacío se llenará y la vida mejorará.

—Increíble —fue la única respuesta que se me ocurrió al ver que Julian comprendía cómo funcionaba la vida. Me di cuenta de que si culpaba a los demás de lo que provocaba ira, irritación o celos dentro de mí, me resistía a una oportunidad de aprender una lección que iba dirigida a mí. La lección se repetiría en mi vida, con más intensidad y sufrimiento. Para mí, lo esencial era sencillamente esto: *asumiendo la responsabilidad personal de lo que sucedía dentro de mí y conociéndome a mí mismo y las causas fundamentales de mis reacciones negativas, podría minimizar literalmente el reciclaje en mi vida.* Negándome a culpar a los demás por mis respuestas poco cariñosas, podría reducir espectacularmente los sufrimientos de la vida. Jugaría de acuerdo con las leyes de la naturaleza y ella me apoyaría. Sería consciente de *la verdad* de cómo funciona realmente la vida y ella me daría mayores recompensas.

Julian se levantó, salió del Círculo de la Verdad y se acercó a una pizarra que había en el otro lado del aula. Había colocado una serie de velas junto a la pizarra para que yo pudiera ver lo que dibujaba en ella. Trazó con la tiza un círculo grande y lo dividió en cuadrantes. En el primero de ellos escribió «Mente»; en el segundo, «Cuerpo»; en el tercero, «Emociones»; y en el cuarto, «Espíritu». Sobre el círculo escribió las siguientes palabras: «Los cuatro Despertares». Me miró y prosiguió su discurso.

—Como te he dicho, hacer el viaje del líder y volver a tu yo auténtico, y este es un viaje de *liderazgo,* consiste en llenar el Vacío de Integridad. Integridad significa compleción. La compleción se refleja por medio de un círculo. El *propósito* de la vida es volver a la compleción. El *proceso* por medio del cual la vida apoya ese retorno se llama reciclaje. La parte final entraña las *prácticas* específicas que llenan el Vacío de Integridad. En la etapa de instrucción de la senda que lleva al despertar, la Cuarta Etapa, empiezas a tomar decisiones conscientes para volver a la compleción. Hay cuatro dimensiones de tu yo auténtico que es necesario despertar para que seas completo una vez más. Cuando despiertes estas cuatro dimensiones recordarás quién eres verdaderamente. Así que aquí tienes los cuatro Despertares —dijo Julian, señalando la pizarra—. Al viajar hacia casa, debes despertar tu mente y tu cuerpo y tus emociones y tu espíritu.

—Esto es muy interesante, Julian. He estado luchando con ello. Algunos libros, como tú mencionaste, dicen que encontramos nuestra mejor vida cuando cultivamos el potencial más elevado de nuestra mente. Sus autores nos dicen que deberíamos leer más libros y aprender más para seguir explorando la calidad de nuestro pensamiento. Dicen que nuestros pensamientos crean la realidad. Dicen que nuestra vida se transformará cuando cambiemos lo que pensamos.

—Eso es muy cierto, Dar. Pero no es el final de la historia. Despertar la mente es solo el *veinticinco por ciento* de volver a la compleción y restaurar tu integridad. Sí, debes despertar la mente, lo cual significa explorar tus creencias fundamentales, tus suposiciones y tus temores. Esto puede hacerse aprendiendo y descubriendo las verdades de otras personas por medio de sus libros, discos compactos y seminarios. Despertar la mente, lo que yo llamo el Primer Despertar, también puede hacerse por medio del diario, la reflexión paciente y el silencio que te permite prestar más atención a tu manera de vivir y adquirir conciencia de todo lo que no sabes. El Primer Despertar consiste en acumulación, conocimiento, aprendizaje y conciencia de las opciones superiores que se te ofrecen. Es el trabajo intelectual que un estudiante debe hacer en la senda espiritual. Pero junto a despertar la mente hay otras tres dimensiones que deben despertarse para volver a la compleción y llenar cualquier Vacío de Integridad: el cuerpo, las emociones y el espíritu. Debes despertar el cuerpo, desde luego. Una mente sana sin un cuerpo sano no refleja ninguna integridad. No hay compleción. Así que junto con el Primer Despertar debes hacer también el Segundo Despertar.

—Así pues, ¿qué puedo hacer para despertar mi cuerpo?

—Ejercicio regular, una dieta soberbia, sol, masaje, aire fresco, agua en abundancia, vitaminas y complementos, reiki, yoga...

—Ya entiendo, Julian —respondí—. Hay toda una serie de instrumentos a mi disposición, ¿no es así?

—Desde luego. El Segundo Despertar, la curación del cuerpo, consiste en asegurarse de que tu dimensión física se encuentre en un estado maravilloso. Y mientras *despiertas* la mente junto con el cuerpo, asegúrate de que despiertas tus emociones. Este es el Tercer Despertar. Es importante que proceses cualquier sentimiento de ira que hayas albergado durante tu vida. Es importante que perdones a quienes te hayan herido. El perdón es algo que haces para ti mismo, ¿sabes?

—No lo sabía —contesté con sinceridad.

—Lo es. Cuando no has perdonado a alguien es casi como si llevaras a esa persona sobre tu espalda, lo cual es un gran peso. Y al perdonarla, la liberas. Por fin puedes seguir adelante con tu vida. Ya no te oprime el peso de esa persona y eres mucho más libre como ser humano. Pero debo decirte que perdonar a alguien es diferente de condonar su comportamiento. Perdonar es sencillamente ver que las personas que sufren dolor hacen cosas dolorosas, como ya te he dicho.

—Pero ¿es realmente sano no denunciar un comportamiento que hace daño? —pregunté.

—Supongo que lo que trato de decirte es que debes ahondar y comprender la verdad que hay debajo del juicio que te has formado sobre otras personas. Te animo a comprender que las personas que hacen daño a otras personas han sufrido daño también. Las personas que no se aman a sí mismas no pueden mostrar amor a los demás. *Y las personas que no tienen autorrespeto tampoco tienen idea de cómo respetar a los demás.* Recuerda siempre esto y te liberarás. Refleja en tu diario estas realidades y verdades eternas con el fin de que penetren más en tu conciencia. Continúa dando voz a tus temores y los superarás. Recuerda que los sentimientos son como tempestades de lluvia, con un principio, un medio y un final. Si los sofocamos, se enconarán como heridas. Si les prestamos atención y los ponemos bajo la luz de nuestra conciencia, los superaremos y se completarán. Y nuestra salud será cada vez mayor.

—¿Y qué me dices del Cuarto Despertar, el del espíritu? —pregunté, acercándome a la pizarra y señalando el último cuadrante.

—Excelente pregunta. Cuando despertamos el espítitu nutrimos nuestro yo más elevado. Esto se manifiesta de manera diferente a distintas personas. Para algunas, el espíritu puede llevar aparejada la plegaria o hablar con Dios. Para otras, atender al espíritu puede reflejarse en la comunión con la naturaleza o escuchar música conmovedora. Y para otras despertar el espíritu supone servicio, voluntariado y vivir para una cruzada mayor que tú mismo. Sea cual sea la modalidad o los instrumentos que emplees, recuerda que necesitamos empezar el proceso de despertar en *nuestras cuatro dimensiones fundamentales al mismo tiempo*.

—Parece mucho trabajo, Julian —afirmé sinceramente.

—Recuerda que un viaje muy largo empieza con un solo paso. No tienes que hacer todo esto en una semana o en un mes. Bastará con que te asegures de que todos los días haces *algo* para despertar y ver quién eres verdaderamente, por insignificante que pueda parecer lo que haces. Te recomiendo encarecidamente que te comprometas contigo mismo en esta aula. Dedica gran parte de los primeros sesenta minutos de cada día, tu hora santa, a trabajar en tus Cuatro Despertares. Es una manera increíblemente eficaz de vivir tu vida más grande y realizar tu destino.

—Lo haré —prometí—. Hace ya algún tiempo que todas las mañanas hago lo que me pediste que hiciera y dedico tiempo a mi trabajo interior. Esto tiene tanto sentido, Julian.

—Prométete aquí mismo que empezarás el día trabajando en los cuatro campos fundamentales de tu vida interior. Puedes emplear ese tiempo en llevar tu diario, leer o meditar. Podrías utilizar parte de ese tiempo para rezar y otra parte para hacer ejercicio. Esta estrategia bastará para transformar realmente tu vida si la adoptas y la integras en tus días. Confía en mí. Verás, amigo mío, si no actúas sobre la vida, la vida actuará sobre ti. Los días se convertirán en semanas y las semanas, en meses. Antes de que te des cuenta, tu vida habrá terminado. No dejes que se te escape el brillante y bello tesoro de tu vida. No dejes de tomar decisiones que te ayuden a recordar quién eres. Dedica sesenta minutos al empezar el día a hacer el trabajo interior que se requiere para ser más profundo y despertar el Buda de oro que llevas dentro. Será el don más precioso que nunca te hayas dado a ti mismo.

Julian volvió al Círculo de la Verdad.

—Hay una parte final de la Cuarta Etapa, la etapa de Instrucción de los Maestros, que quiero compartir contigo. Conectar con tu mortalidad cada día es una filosofía muy sabia. Recuerda que la vida es corta y no sabes cuándo va a terminar. Ambos podríamos morir mañana, Dar. La clave consiste en jugar tu mayor partido y vivir tu mayor posibilidad ahora. Las personas sabias se recuerdan a sí mismas que cada día podría ser el último. De esta manera se comprometen a ser amor en lugar de miedo durante los días que viven.

Julian alargó una mano y de un escritorio que había a su lado tomó una hoja de elegante papel de carta.

—Todos tenemos la opción y la oportunidad —continuó diciendo— de escribir la historia de nuestra vida si queremos. Cada día es una oportunidad de influir en lo que dirá nuestra necrológica. La vida no tiene por qué actuar sobre nosotros. Todos los días podemos optar por tomar medidas conscientes para llenar el Vacío de Integridad y reducir el reciclaje. Todos los días podemos tomar la decisión de hacer algo que fomente los cuatro Despertares. Podemos utilizar cada día como trampolín para vivir una vida más elevada y más grande. En nuestras decisiones se forma nuestro destino *específico*.

»Una de las cosas más eficaces que puedes hacer es escribir por adelantado la historia de tu vida. Puede que luego no resulte exactamente como tú la hayas escrito pero, como dice el viejo refrán: "Si no sabes adónde vas, todos los caminos te llevarán allí". Prefiero tener un plan trazado a no tener ninguno. Ya conoces mi filosofía: uno debe hacer todo lo posible y luego dejar que la naturaleza haga el resto. Procura hacer todo lo posible, formula unas intenciones claras, persigue tu sueños y luego acepta lo que venga. La vida es un equilibrio delicado entre hacer que pasen cosas y *dejar* que pasen cosas. Haz lo *mejor* que sepas hacer. Fija tus objetivos y formula tus intenciones, persigue tus sueños sobre lo que quieres recibir de la vida. Luego ten el valor y la sabiduría de dejarlo. Renuncia a tus intenciones y acepta *lo que venga*, a sabiendas de que es lo más conveniente, aunque puede que no lo parezca en aquel momento. La vida es un bello tapiz que se ha tejido de forma perfecta. A menudo no recibimos lo que queremos, pero *siempre* recibimos lo que necesitamos. Siempre recibimos lo que más nos conviene. Esa es una de las lecciones *más grandes* de la vida.

—Así pues ¿qué quieres que haga?

—Quiero que escribas la historia de tu vida. Quiero que escribas tu nota necrológica. Quiero que tengas grandes sueños otra vez y juegues con el potencial que tu vida está destinada a ser, amigo mío. Es una experiencia emocional, incluso puede que haga que tus ojos se llenen de lágrimas. Pero quiero que escribas con toda tu emoción y con todo tu amor. Abre tu corazón a este ejercicio.

En aquella aula, aquella noche de primavera, escribí la historia de mi vida, rodeado de velas y de una persona cariñosa que quería lo mejor para mí. Escribí sobre la persona que quería ser y la vida que quería crear. Escribí sobre la mujer que encontraría y el esposo en que me convertiría. Escribí sobre la vida familiar que siempre había pensado que me merecía. Y escribí lo que quería que representara mi vida como ser humano. Escribí vigorosamente sobre los valores, las creencias auténticas y los principios por los que me regiría. Me dediqué, en aquella noche mágica, a jugar mi partido más grande como persona y dejar que la luz que había descubierto dentro de mí viese la luz del día. Las capas que cubrían mi oro se desprenderían. Las cadenas que me habían sujetado continuarían rompiéndose. Seguiría avanzando hacia la verdad y la iluminación. Seguiría despertando a la vida.

Empezaron a brotar lágrimas de mis ojos y pronto me puse a sollozar como un niño pequeño. Julian empezó a llorar también, claramente conmovido por mi valor así como por mi disposición a «visitar los lugares que me daban miedo» y ahondar como nunca había ahondado. Me daba cuenta de que su corazón estaba abierto de par en par. Me rodeó con sus brazos para consolarme. Luego me pidió permiso para leer lo que había escrito. Me alegré de compartir los anhelos de mi corazón.

Después de dejar la hoja de papel, me miró y dijo sencillamente:

—Magnífico. Estás regresando a casa.

OCHO

El estudiante se empieza a transformar y recrear a sí mismo

> Un soñador es alguien que solo encuentra su camino a la luz de la luna, y su castigo es que ve el amanecer antes que el resto del mundo.
>
> Oscar Wilde

> Duda pequeña, iluminación pequeña. Duda grande, iluminación grande.
>
> Máxima del zen

> En tiempo de tinieblas, el ojo empieza a ver.
>
> Theodore Roethke

Fue la época más difícil de mi vida. Habían pasado seis semanas desde el encuentro con Julian en la escuela. Ahora veía el mundo con nuevos ojos y los cimientos en que se apoyaba mi viejo mundo habían empezado a desmoronarse. Me pasaba gran parte del tiempo preguntándome qué estaba sucediendo y a veces me sentía confundido. Al despedirnos después de nuestra última sesión, Julian me había explicado que al dejar mi antigua forma de ver las cosas, mis temores *más grandes* saldrían a la superficie y me aferraría a lo que conocía en otro tiempo, a mi antigua visión del mundo. Dijo que, como siempre, podía tomar decisiones en relación con todo. Podía seguir avanzando por la senda que me llevaría a quien era verdaderamente o podía resistirme a ese viaje de liderazgo y permanecer estancado. Julian citó al filósofo Joseph Campbell, que afirmó: «La vida heroica es vivir la aventura individual. Hacer oídos sordos a la llamada significa estancamiento». En lo más profundo de mi ser, yo quería seguir avanzando en el viaje que había empezado al conocer a Julian en el seminario motivacional, pero resultaba cada vez más difícil.

¿Y si Julian se equivocaba?, me preguntaba a veces. ¿Y si su forma de ver el mundo y todas sus teorías son erróneas? ¿Y si mi antigua forma de ver el mundo era correcta y abandonar este paradigma conocido me llevaba a un lugar desconocido donde mi vida podía empeorar aún más? ¿Y si todas aquellas creencias y suposiciones en que me había apoyado durante toda mi vida —tales como «Si das demasiado a los demás, se aprovecharán de ti», o «La única manera de triunfar es dominar a la competencia» o «Cuanto más acumulas, más feliz eres»— eran las verdades *reales* que gobiernan el mundo? Si no las obedecía, tal vez mi vida se convertiría en un fracaso *total*. Quizá Julian, aunque bienintencionado, estaba desequilibrado y su filosofía era extremista.

Gran parte del tiempo que pasaba en el trabajo era una mancha borrosa. Me consumía la lucha interior a la que hacía frente. En los momentos de claridad me daba cuenta de que tal vez mi confusión era debida a que aún tenía un pie en mi viejo mundo mientras el otro entraba en un mundo nuevo. Encontré una cita de Aristóteles que dio cierto sentido a las dificultades que encontraba en el viaje de vuelta a la autenticidad y a mi vida más grande. La puse en el espejo del cuarto de baño para poder leerla todos los días. He aquí lo que decía:

> La belleza del alma brilla cuando una persona soporta con compostura una desgracia tras otra, no porque no las sienta, sino porque es una persona de carácter elevado y heroico.

Tenía miedo porque estaba abandonando el mundo que conocía y abriéndome a un mundo nuevo y desconocido. Pero Julian me dijo que cuando más vivos estamos es cuando penetramos en lo desconocido y tenemos el valor de atravesar las murallas de nuestro miedo. También me recordaba una y otra vez a mí mismo lo que me había enseñado Julian en el sentido de que la confusión siempre cedía ante la claridad y el caos acababa creando confianza. *Tenía* que confiar en Julian. Ninguno de mis amigos hubiera comprendido las cosas de las que hablaba aquellos días y mis colegas del trabajo hubieran pensando que me estaba volviendo loco. Durante este período me sentí muy solo y decidí pasar mucho tiempo en la naturaleza. Salía a pasear por los bosques y esto me proporcionaba cierto consuelo. Me sentía parte de un universo mayor y me llenaba una sensación de paz.

Durante este período de autoexamen intenso y transición me despertaba a altas horas de la noche, sudando y temblando, a veces con un dolor agudo en el corazón. «¿En qué me he metido al emprender este proceso de entrenamiento?», me preguntaba. Las cosas eran *mucho* más fáciles antes. Ahora comprendo por qué los filósofos han dicho que la ignorancia es felicidad. Puede que no supiera la verdad antes de conocer a Julian, pero había cierto consuelo en la ilusión de mi antigua vida.

Y, pese a todo, junto a los enormes temores y la confusión que habían empezado a presentarse, y todos los interrogantes que pasaban por mi mente y todo el dolor que empezó a aflorar a la superficie al profundizar en mi visión del mundo, llegó una nueva sensación de alegría. No sucedía muy a menudo al principio, pero empecé a *sentirme* más vivo que en cualquier momento anterior de mi vida. Tal vez realmente estaba despertando a la vida como nunca había despertado. Todo esto sucedió cuando me encontraba procesando las «viejas heridas» de las que Julian había hablado y asumiendo la responsabilidad de los errores que había cometido en el pasado. Al reflexionar sobre la infancia así como sobre experiencias adultas, empezaron a aparecer emociones y recuerdos antiguos y olvidados desde hacía mucho. Todos los días dejaba constancia de ello en mi diario. También me escribía cartas a mí mismo como medio de procesar los sentimientos. Y cuando más empezaba a experimentar mis sentimientos, más ahondaba en mí mismo. Era realmente como si estuviera atravesando capas diferentes, levantando las capas de lo viejo para poder llegar a la verdad. Empezaba a conocer quién era verdaderamente yo. Y Julian decía que eso era un «trabajo noble».

Por otra parte, es necesario que sea sincero contigo: este proceso no fue fácil. Pero me llenaba *muchísimo* a medida que iba profundizando. Y, como decía, empecé a sentir una felicidad cada vez mayor, una felicidad que nunca había sentido. El lugar de conocimiento que hay en lo más hondo de mi ser sabía que era una alegría *real*.

Una mañana me levanté al despuntar el día y contemplé la salida del sol. Me puse a llorar, impresionado por la belleza de la escena natural. Otras veces la música que solía escuchar todos los días era algo que ahora experimentaba en un nivel totalmente nuevo. Una sonrisa se dibujaba en mi rostro al escuchar una ópera escrita con brillantez o al inspirarme una canción pop. Y mi forma de relacionarme con la gente también empezó a cambiar. Veía con nuevos ojos a mis amigos y parientes así como a mis colegas y sentía por ellos un amor que nunca había conocido. Cosas que hacían otras personas y que en otro tiempo me hubieran irritado, ahora me molestaban mucho menos porque me daba cuenta de que sencillamente actuaban empujadas por sus heridas y temores. Hacían todo lo posible basándose en lo que sabían y como ha dicho Maya Angelou: «Cuando sabemos hacerlo mejor, podemos hacerlo mejor». Me recordé a mí mismo que en lo más hondo de cada una de ellas había oro, magnificencia y un ser humano cariñoso. Cada vez que alguien hacía algo que me dolía, aunque fuera algo insignificante, recordaba las palabras de Julian: «Las personas que sufren dolor hacen cosas dolorosas». Las personas que tienen miedo actúan de forma temible. Necesitaban mi perdón y no mi enfado. Si no lograba encontrar el perdón dentro de mí mismo, necesitaba hacerme responsable de ello y seguir ahondando hasta acceder a una parte mayor de mi corazón. Dentro de todo lo que me molestaba en otra persona vivía un don de crecimiento personal. En cada circunstancia que me llenaba de frustración había una oportunidad soberbia de atravesar una de mis capas y *recordar* con ello más de mi mejor yo, recuperar una parte mayor de mi poder auténtico. Tenía la posibilidad de elegir: *culpar o recuperar.*

Era una filosofía nueva para mí, obviamente. Pocas personas de mi mundo pensaban de esta manera. Pero daba la sensación de ser la manera apropiada; el lugar de conocimiento que hay dentro de mí sabía que cuanto más abrazara esta forma de vivir, mejor sería mi vida. El instinto me decía que esta manera de vivir era la manera de la sabiduría.

Julian me había pedido que me reuniera con él en el Metro Zoo. Me había pedido en particular que me presentara en la sección llamada Paraíso de las Mariposas, donde había miles de estos insectos, desde los más corrientes hasta los más exóticos.

Al dirigirme al lugar de la cita, el aroma de las flores que adornaban los dos lados del pasillo me produjo una sensación maravillosa y me recordó la belleza de la vida. La vida es verdaderamente una preciosa bendición. Con mucha frecuencia nos vemos envueltos tanto por las cosas que no van bien en nuestra vida que no prestamos atención a las que van bien. Julian me había dicho que una de las leyes naturales que gobiernan el mundo es que, *cuando te concentras en lo que no quieres en tu vida, en realidad bloqueas la entrada de lo que sí quieres*. Y las cosas a las que prestes atención crecerán en tu vida. Concéntrate en lo que no quieres y recibirás más de ello. El mundo es un espejo. Julian me había enseñado que recibimos de la vida no lo que queremos, sino quienes somos, como seres espirituales. Con el tiempo me había dado cuenta de que, en muchos sentidos, los placeres sencillos de la vida son los que más llenan. Así que empecé a concentrarme en ellos.

Busqué a Julian, pero no pude encontrarle. Incluso pregunté a algunos de los guías turísticos si habían visto a un hombre bien parecido que vestía una túnica de monje. «Por fuerza se habría fijado en él», les decía. Los guías sonreían y contestaban que no habían visto a nadie que respondiera a tal descripción. Mientras esperaba a Julian, aproveché la oportunidad para revisar algunas de las notas que había escrito en mi diario. Había comprobado que escribir no solo servía para dejar constancia de los pasos que daba en el notable viaje en el que me había embarcado, sino que mi diario me ofrecía un vehículo para conocerme a mí mismo, para tratar de ver claramente el despertar que se estaba produciendo en mi vida.

Llevar un diario me permitía pensar sobre el papel y luego salir de mí mismo y evaluar objetivamente mis pensamientos y acciones. Me brindaba la oportunidad de pensar literalmente en la calidad de mi pensamiento. Si una de mis maneras de pensar o comportarme no era apropiada para la vida que estaba creando, podía cambiarla por otra que estuviera más de acuerdo con quien quería ser y lo que quería tener. Era sencillamente estupendo tener un lugar para autoexpresarme y, como decía Julian, conversar conmigo mismo. Tenía mucha razón: si no sostenemos conversaciones con nosotros mismos, ¿cómo podemos llegar a conocernos? Y cuanto más ahondamos en nosotros mismos, más podemos tomar decisiones auténticas para hacer el viaje de liderazgo que nos lleve de vuelta al lugar que en el fondo de nuestro ser siempre hemos sabido que era el lugar donde queríamos estar. En los templos grecorromanos del pasado, sobre la entrada, a menudo podían leerse las siguientes palabras: «Conócete a ti mismo y conocerás el universo y los dioses». Ahora les encontraba más sentido que nunca.

Me levanté y seguí buscando a Julian, pero al cabo de unos diez minutos aún no había visto el menor rastro de él. De pronto oí un fuerte golpe que salió de uno de los recintos de cristal donde estaban las mariposas raras. Miré dentro y no pude dar crédito a mis ojos. ¡Julian nunca dejaba de asombrarme! Estaba dentro del recinto cubierto por centenares de mariposas, las más bellas que había visto en mi vida. Había tantos colores y tanta vida allí dentro. Julian llevaba la túnica roja y las sandalias de siempre. Pero esta vez se tocaba con uno de esos gorros que suelen llevar los empleados de los zoológicos y que tienen una red que cubre todo el rostro. Julian reía mientras me gritaba a través del cristal:

—¡Entra, entra amigo! ¡La lección de hoy es muy importante! Y sé que estás preparado para descubrirla. Junto a la puerta encontrás uno de estos gorros para ti; ya lo he arreglado todo con el zoo.

Me acerqué a la puerta y me puse el gorro con la red, tal como acababa de indicarme mi excéntrico pero eficiente entrenador de la vida. Entré en el recinto y quedé impresionado por el milagro de la naturaleza que encarnaban las mariposas. Puede que el mundo sea perfecto y que todo lo que ocurre en él se atenga a un plan inteligentísimo. Tratamos de comprender por qué nuestra vida se desarrolla como se desarrolla, pero quizá tratamos de encontrar sentido a algo que ha sido creado por una inteligencia superior a la razón humana. Quizá hay perfección en la vida de *todos* nosotros, una perfección que no captamos si miramos con las lentes del juicio y el temor. Sí, nuestras decisiones cuentan. Sí, las acciones tienen consecuencias. Sí, tenemos mucho poder para crear el cariz que tendrá nuestra vida. Pero hay una fuerza mucho más poderosa que es esencialmente la que actúa y controla.

Julian parecía un niño pequeño, jugando con las mariposas, maravillado y gozoso. Reía y aplaudía mientras daba vueltas por el recinto, seguido por las mariposas. Luego agitó una mano para que se apartaran y pareció que los insectos le obedecían. Se acercó a mí.

—¿Qué tal te va, amigo? —preguntó alegremente abrazándome, con algunas mariposas posadas todavía en los hombros.

—Bueno, he tenido mejores semanas —respondí con sinceridad—. Me están surgiendo tantas cosas. A veces me hago un lío, Julian. De hecho, estoy experimentando mucho dolor. Nunca se me ocurrió que esta senda del despertar entrañaría sufrimiento.

—Todo forma parte del proceso en siete etapas, Dar. Esta senda requiere un valor inmenso. Estás aprendiéndolo de primera mano, que es la mejor forma de aprender. Ningún libro podría enseñarte lo que puede enseñarte la vida si la vives con los ojos muy abiertos y aprendes sus lecciones. Arriesgarse es vivir, amigo mío. Jugamos en pequeña escala porque pensamos que es una forma segura de vivir cuando en realidad es la más peligrosa. Eso forma parte de la ilusión.

—Estoy de acuerdo, Julian. Neale Donald Walsh dijo: «Tienes tanto miedo de vivir, tanto miedo a la vida misma, que has renunciado a la naturaleza misma de tu ser a cambio de seguridad».

—Muy bien dicho —comentó Julian—. No lo había oído nunca.

Cerró los ojos, aparentemente para meditar, para absorber lo que yo acababa de decir. Julian sabía escuchar. Me encantaba estar con él. Hacía que me sintiera especial.

—Mira, echa un vistazo a esto —dijo, señalando un capullo de mariposa—. Richard Bach escribió que «lo que la oruga ve como el fin del mundo el maestro lo ve como la mariposa».

Las palabras me llegaron al alma. Daban la *sensación* de ser apropiadas.

Julian siguió hablando.

—Estás sufriendo una metamorfosis. Estás experimentando una tranformación profunda. Viviste toda tu vida como una gran mentira. Te traicionaste a ti mismo y viviste de forma no auténtica, sencillamente para encajar en la multitud. Tus decisiones y tu conducta se basaban en una ilusión. ¿Recuerdas las imágenes falsas que parecían reales en la pared de la cueva?

—¿Cómo podría olvidarlas, Julian? —contesté.

—Recordarás que la Segunda Etapa de la senda del buscador de la verdad obliga a tomar una decisión básica: seguir dormido y pequeño o embarcarse en un viaje consciente a la iluminación y el yo más grande. Si opta por lo segundo, el buscador pasa a la Tercera Etapa, donde ve cómo se despliega ante él toda una realidad nueva, y la Cuarta Etapa, donde ansía las respuestas que ofrecen los maestros sobre lo que le está pasando y busca una comprensión más verdadera del mundo que existe detrás de la ilusión. Eso nos lleva a la Quinta Etapa, la etapa de «Transformación y Renacimiento». Es un período difícil, muy difícil, para el buscador, porque es un período de transición *profunda*. Es también la época más emocionante e importante de su vida. El crecimiento llega a veces por un camino difícil. Pero el crecimiento siempre es bueno. «El camino de tus sueños solo puede encontrarse con un pie en la eternidad y el otro en tierra poco firme», es como lo expresa el célebre pensador Rick Tarquinio.

Julian continuó:

—Sé lo confundido que debes de sentirte estos días. Comprendo el dolor que estás sufriendo. Sí, *hay* sufrimiento cuando caminas por la senda. No quiero minimizar lo que estás pasando. Pero debo decirte que, si pudieras contemplar tu vida desde una altura de quince mil metros, *todo* lo que está pasando es muy hermoso.

—¿Hermoso? Nunca he sufrido tanto en la vida. Nunca me he sentido tan confundido en la vida. Mi vida parece sumirse en el caos en vez de pasar a un lugar mejor.

—Eso no es más que tu percepción en este momento —replicó Julian—. Tus ojos humanos ven confusión y caos. Pero estás adquiriendo una visión nueva. Cuando la hayas adquirido, verás que todo lo que te está pasando forma parte del proceso de liberarte de tu viejo paradigma de la vida. Todo lo que te está ocurriendo es un reflejo del hecho de que estás pasando por un período de crecimiento inmenso. Estás soltando todo lo que sabes y todas las maneras de ver y comportarte que gobernaban tu vida anterior. Y al liberarte y vaciarte de todo lo que has sido, estás creando espacio en tu vida para que entren en ella cosas nuevas. Estás creando espacio para una nueva conciencia y una nueva manera de actuar y ser. Sí, a veces es caótico. ¿Cómo podría no serlo? Los cimientos mismos sobre los que has vivido son puestos en entredicho y luego destruidos. Pero confía en mí cuando te digo que esto es lo mejor que jamás te haya pasado. Tu mente está despertando. Tu corazón se está abriendo. Tus emociones se están curando y tu espíritu se está levantando. Estás recuperando tu poder auténtico, que es muy diferente del poder externo que dan los grandes títulos, las grandes cuentas bancarias y las oficinas bien situadas. Estas cosas están sometidas a los avatares de la vida. Y cuando desaparecen, tu poder desaparece también. Pero nadie puede quitarte el poder auténtico, Dar. Te lo ganas y luego es tuyo... para siempre. Así que todo esto *es* hermoso. Te estás liberando del control que en otro tiempo te dominaba. Al igual que la oruga que sale del capullo, estás atravesando la oscuridad y convirtiéndote en algo nuevo. Y, sí, hay oscuridad dentro de ese capullo y algunos días puede parecer que no hay salida. Pero la verdad es que la oruga se está transformando en una mariposa. El estancamiento se está convirtiendo en libertad. Así es el cambio profundo y te comprendo cuando dices que no es agradable. En esta etapa de tu viaje como buscador es casi como si todo el gobierno interior que antes regía tu vida esté a punto de ser derribado y sustituido por un nuevo régimen. Hay una revolución en marcha. Se están formando creencias nuevas. Se están forjando nuevas suposiciones sobre cómo funciona el mundo. Se están liberando y superando temores. Se está haciendo un compromiso mayor con la autenticidad personal. ¿Te das cuenta de lo increíble que es esto? Trata de no resistirte a lo que está sucediendo. Te diriges a un lugar maravilloso, amigo mío. Las fases de transición de nuestra vida son las épocas más ricas de la vida. Estás caminando hacia la luz. Las tinieblas desaparecerán. La mariposa está en camino.

—¿De veras? —no pude por menos de preguntar.

—Las leyes de la naturaleza explican las leyes de la vida —dijo Julian—. Tú sabes que es así. Una oruga no puede quedarse siempre en el capullo. *Debe* salir una mariposa *en el momento oportuno*. Confía en que la naturaleza sabrá escoger el momento; tú y ella no utilizáis el mismo reloj. Recuerda eso siempre. Tu dolor pasará... siempre pasa. Y como dijo Carl G. Jung: «No hay concienciación sin dolor». Abandona el control y sencillamente ten en cuenta que se están produciendo grandes cambios. Y todos buenos.

—¿Cómo sabes que eso es verdad?

—Porque también yo he caminado por esta senda que lleva al despertar. Recuerda lo que dijo T. S. Eliot: «Solo los que se arriesgan a ir demasiado lejos pueden averiguar hasta dónde se puede llegar». Estás pasando por lo que los místicos han llamado la noche oscura del alma. Sé que estás dudando de todo. Eso es bueno. Dudar de todo significa que ya no te tomas el *statu quo* como verdad. Ya no eres una oveja que sigue ciegamente al rebaño. Estás despertando y creciendo. Es lo que hacen los líderes. Se separan definitivamente de la multitud y crean sus propias sendas. Mahatma Gandhi no seguía a la multitud. Formuló su propia visión original y luego tuvo el valor de atenerse a ella. Y lo mismo hicieron Helen Keller, Amelia Earhart, la Madre Teresa, Martin Luther King Jr. y todos los demás líderes, desde líderes de naciones hasta líderes de las artes como Salvador Dalí. Dalí no intentó parecerse más a Rembrandt o a Miguel Ángel. Vivía de su propia imaginación y tuvo el valor de dar al mundo la brillantez creativa que llevaba incrustada en el corazón.

—Muy cierto —reconocí, dejando que dos mariposas se posaran en una de mis manos.

—Ya no vives tu vida para complacer a los demás y encajar porque temes que te abandonen. En vez de ello, estás entrando en tu corazón y empezando a dar más amor al mundo mostrándote plenamente como ser humano. Estás realmente recuperando tu autenticidad. Te estás convirtiendo en una mariposa y recuperando tu libertad. Me alegro tanto por ti. Y, sí, este proceso crea dolor en la vida.

Julian continuó con otra metáfora útil:

—Cuando un bebé baja por el canal del parto el dolor es tremendo. Pero el bebé y la madre no se dan por vencidos. Persisten en la fase de transición, a sabiendas de que el resultado será un milagro. Tú *experimentarás* sin duda un milagro si estás dispuesto y sigues eligiendo. Siempre, como seres humanos, tenemos posibilidades de elegir. Todos tenemos muchas más posibilidades de elegir de las que sabemos. Pensamos que somos tan limitados en la vida que *tenemos* que vivir y hacer lo que hacemos ahora. Eso no es más que otro ejemplo del lenguaje que las víctimas son propensas a utilizar. *Siempre* depende de ti hasta qué punto quieres alejarte de tu yo social para volver a tu yo auténtico. Algunas personas nunca llegan a caminar por la senda consciente y permanecen dormidas toda una vida. Otras dan algunos pasos por la senda y recuerdan un poco de lo que son verdaderamente. Y un puñado de mujeres y hombres han llegado hasta el final de la senda y recuerdan por completo quiénes son. Estas almas valerosas recuperaron plenamente su poder auténtico, un poder que cada uno de nosotros lleva dentro, y el mundo los llama «iluminados». Fueron verdaderos líderes del planeta, los gigantes espirituales, si prefieres llamarlos así. El dolor que ahora estás soportando se debe a que estás bajando por el canal del parto. Estás experimentando un renacimiento y en el momento oportuno saldrá un ser completamente nuevo. Este universo es mucho más inteligente de lo que creemos, de veras lo es. Hay una coherencia brillante que gobierna nuestra vida. Cuanto más podamos dejar de forzar los resultados y sencillamente sigamos la corriente, más aparecerá la magia que nuestra vida está destinada a ser. Tratar de que suceda todo y forzar los resultados sin compensarlo con la disposición a dejar que pasen cosas no es nada más que control. Sencillamente sé consciente de que estás pasando un período de transformación y obra en consecuencia. Toma la decisión de disfrutar de lo que estás pasando y de donde te lleva. Sencillamente experiméntalo sin calificarlo de malo. Abandona todo juicio... es solo parte de la ilusión. No es real. La multitud te enseñó que estas cosas son «malas». Ten fe. Experimenta los sentimientos que están saliendo y procésalos hasta llegar a la compleción. Con el paso del tiempo, lo verás como *el momento definitorio* de toda tu vida.

Julian sacó un libro muy manoseado de la mochila.

—Toma, echa un vistazo a esto —dijo—. Son algunos de los poemas de Rumi. Me encantan —Leyó en una página—: *Vi el dolor bebiendo una copa de pena y grité: «Sabe dulce, ¿no es verdad?». «Me has pillado», contestó el dolor, «y me has arruinado el negocio. ¿Cómo puedo vender pena cuando sabes que es una bendición?».* Tu pena es en verdad una bendición. Te está dando forma y despertando. Recuerda eso, por favor, cuando pases por la Quinta Etapa.

—Bien, ¿cómo paso por esta etapa entonces, Julian? Tengo que ser sincero contigo. Me dan ganas de dejarlo. Ya no sé escuchar. Mis amigos y mis colegas son de un mundo diferente. Parte de mí sabe que pertenecen a la multitud y que sus creencias se basan en una ilusión. Pero es *tan* difícil hacer caso omiso de lo que me dicen. Supongo que lo que estoy diciendo es que es difícil, a veces, recordar que la forma en que solía ver el mundo se basa en una mentira y que hay toda una forma nueva y mucho más verdadera de actuar como ser humano. Tengo la sensación de estar atrapado entre dos mundos. A veces me pregunto si todo lo que me dices es realmente la verdad. No pongo en duda tu honradez ni tu integridad, en absoluto. No es eso lo que estoy diciendo, Julian. Sencillamente me pregunto... ¿y si estás equivocado? ¿Y si lo único que hago es empeorar mi vida y crear más complejidad para mí mismo?

—Excelente trabajo, Dar. Cuanto más puedas poner voz a tu miedo, más se alejará de ti el miedo. Cuanto más puedas hablar de esto, más saldrán las sombras ocultas a la luz y podrás examinarlas y expulsarlas. Gracias por decirme tu verdad; tan pocas personas lo hacen. Recuerda que hablar de tu temor y sacarlo al exterior se parece mucho a invitar al monstruo que vive en el sótano a tomar una taza de té en la cocina. El monstruo empieza a disolverse cuando lo sacas a la luz de tu conciencia. Lo que antes estaba oculto en el reino de lo subconsciente entra ahora en el campo de la mente consciente, donde puedes examinarlo y evaluarlo, tomando decisiones alrededor de ello si lo deseas. La mayoría de los temores no son más que una ilusión. Eso ya lo sabes. Y, a pesar de ello, gobiernan nuestra vida. Hacen que sigamos siendo pequeños. Nos mantienen encadenados y llenan nuestra vida de limitación en lugar de llenarla de posibilidad. Lo único que pido es que sigas confiando en mí. *Los mo-*

mentos más oscuros son siempre los que preceden al amanecer. Llega un momento en la vida de todos en que hay que jugar en los bordes y correr grandes riesgos. Llega un momento en que todo buscador sabe, en el fondo de su corazón, que negarse a correr el riesgo significa resignarse a una vida de mediocridad. Pero dar el salto, aunque lleve aparejado mucho miedo junto con mucho valor, le permitirá viajar a un país totalmente nuevo. Un país de potencial, felicidad y libertad. Profundiza y escucha tu voz interior. Luego confía en sus consejos. «La vida se encoge o se expande en proporción al valor de la persona», escribió Anaïs Nin.

—¿Sabes qué, Julian? Últimamente empiezo a oír una especie de voz interior que habla cada vez más alto. Es otra cosa que está cambiando. Antes sencillamente me guiaba tu sabiduría. Tu entrenamiento es lo que me condujo hasta este momento. Es casi como si no pudiera acceder a mi sabiduría interior y mi verdad personal. Pero eso está empezando a cambiar, ahora que lo pienso.

—Muy bien dicho, Dar. Y esa es otra razón por la cual quieres seguir sosteniendo *conversaciones*, no solo contigo mismo, sino también con otras personas que caminan por la misma senda que tú. Y son muchas en el mundo de hoy. Como ya te dije un día, la conversación intensifica la convicción. Cuanto más puedas conversar sobre las cosas en que quieres convertirte, más podrás dedicarte a hacer lo que sea necesario hacer.

Julian empezó a jugar con las mariposas. Estaba claro que el niño que había dentro de él estaba vivo y bien. Las mariposas parecían amarle y se posaban en sus brazos y sus hombros. Me puse a jugar también. Parecíamos dos críos retozando en el patio de recreo, totalmente entregados al momento, y plenamente vivos, libres de cualquier timidez o inhibición. Quizá en el pasado me había tomado la vida demasiado en serio. Quizá me encontraba ahora en el período más importante y rico de mi vida. Supe que era la verdad al reflexionar más profundamente. Lo notaba en mi cuerpo, en lo más hondo de él. La cháchara que había en mi mente quería decirme lo contrario. Pero Julian tenía razón: a menudo esa cháchara no es más que la voz del miedo. La cabeza limita, el corazón libera. Ahora más que nunca, quería jugar como un líder en mi vida. Quería presentarme plenamente y jugar en grande con el tiempo que me quedaba. Quería liberarme de mis limitaciones y hacer el viaje de vuelta a casa. Quería recuperar, recordar y recobrar la persona que verdaderamente era, debajo de todas las capas que se habían formado al ir recogiendo las creencias, suposiciones y miedos limitadores del mundo que me rodeaba. Mi grandeza *estaba* saliendo.

Tenemos literalmente miedo de quien somos verdaderamente. Tenemos miedo de nuestra luz. Tenemos miedo de nuestra brillantez. Tenemos miedo de nuestra posibilidad más elevada. Tenemos miedo de enorgullecernos y dejar que nuestra luz brille en el mundo. Con los grandes dones llega una gran responsabilidad. Supongo que la mayoría de los seres humanos no quieren contemplar sus dones porque no quieren afrontar la responsabilidad que los acompaña. La responsabilidad de vivir sin miedo y de influir en el mundo. Y de esta manera retroceden ante su grandeza. Juré que nunca permitiría que a mí me sucediera lo mismo.

En los días que siguieron a mi encuentro con Julian en el zoo fui juntando más y más piezas. Las cosas empezaban a tener sentido. *Se necesitaba paciencia en este viaje a la verdad y el autodespertar.* Si todo lo que quería saber y quería que ocurriera en mi vida sucedía inmediatamente, supongo que no quedaría nada para el viaje. Me di cuenta de que toda la razón de nuestra vida es encontrar el camino para volver a casa. Y es un *viaje*. Pero empecé a recibir muchas respuestas. Observé que parecían presentarse solo cuando estaba preparado para recibirlas. Preguntas con las que había estado luchando parecían recibir respuesta de una manera casi orgánica. Cuanto más trabajo interior hacía, más soluciones y crecimiento recibía. Cuanto más ahondaba en mí mismo, más empezaba a cambiar mi mundo exterior.

En mi antiguo mundo pensaba que el camino para llegar a la salvación y la felicidad consistía en concentrarme en las cosas externas. Dicho de otro modo, creía que un coche más caro o un traje más acorde con la moda del momento harían que me sintiese mejor por dentro. Pero cuanto más tiempo pasaba con Julian, más me convencía de que la felicidad es una cosa interior. No consiste en perseguir un valor neto mayor, sino en cultivar una mayor autoestima. No consiste en tener más dinero, sino en encontrar más sentido. Y no consiste solo en tener más éxito, sino en ser verdaderamente importante, en ser una persona que crea valor duradero en el mundo. Con esto quiero decir que todo parecía desarrollarse de forma natural. Como si hubiera una inteligencia superior que me estuviese guiando. Siempre había combatido la vida. Sé que todo era una cuestión de control. Ahora vivía de manera distinta: dejaba que la vida me guiase. Esto no equivale a decir que no actuara de forma responsable. Todo en la vida *es* un equilibrio delicado. Todavía fijaba mis objetivos, daba los pasos que necesitaba dar y actuaba de forma práctica. Pero en vez de resistirme a la vida, me relajaba. Me rendía más. Hacía todo lo posible y dejaba que la vida hiciera el resto. Si, después de hacer todo lo posible, algo seguía sin salir bien, pensaba que era porque estaba escrito así. Y entonces se presentaba algo todavía más perfecto para mi evolución personal. Cuando se cierra una puerta siempre se abre otra y todo final es en verdad un nuevo principio también.

Empecé a equilibrar el hacer que pasaran cosas con el dejar que pasaran cosas. Empecé a equilibrar el hacer con el ser. Empecé a equilibrar el usar la mente con el escuchar al corazón. La razón con la pasión. Pienso que, en esencia, empezaba a equilibrar la Tierra con el Cielo.

NUEVE

El buscador es puesto a prueba

> Si hay algo grande en ti, no aparecerá a la primera llamada. No aparecerá y vendrá a ti fácilmente, sin ningún trabajo ni esfuerzo.
>
> RALPH WALDO EMERSON

En las cuatro semanas transcurridas desde que viera a Julian en el zoo, habían aparecido tantas bendiciones en mi vida. Mi relación con mis hijos, a los que veía todas las semanas, se hizo más franca y cariñosa. Empecé a escucharles en un nivel que nunca había estado a mi alcance en la vida que vivía antes de conocer a Julian, y los lazos de amor entre nosotros crecieron de manera exponencial. Me decían que estaba mucho más relajado, que era mucho más cariñoso y estaba mucho más dispuesto a jugar que antes. Por fin me estaba convirtiendo en el padre que siempre había albergado la esperanza de ser.

Además, una noche, al asistir a una conferencia sobre autodescubrimiento y transformación personal en nuestra biblioteca local, conocí a Sasha, una hermosa e inteligente quiropráctica. Me enamoré de ella como nunca había imaginado que me enamoraría de una mujer. Era tan serena y aplomada, tan sabia, cariñosa y divertida. Al conocerla, supe que estabámos destinados a pasar juntos el resto de nuestras vidas. Fue sencillamente una impresión que tuve... y decidí prestarle mucha atención a partir de aquel momento.

Gracias al entrenamiento de Julian así como a su concepto de la «hora santa», recreé mi mundo interior. Para adelantar el Primer Despertar, leí muchos libros con el fin de potenciar y refinar mi base de sabiduría. También escribía en mi diario todos los días, puliendo la filosofía de la vida que tenía la intención de seguir. Había decidido, gracias a los consejos de Julian, pensar por cuenta propia en vez de dejar que otros pensaran por mí. Me negué rotundamente a vivir la vida de otro, la vida que la multitud me animaba a vivir. Pero como despertar la mente es solo el veinticinco por ciento de lo que se requiere para volver a la compleción y llenar el Vacío de Integridad, también me concentré en nutrir el cuerpo, curar mis emociones y cuidar mi espíritu. Cuatro veces a la semana iba a clase de yoga. Tres veces a la semana dedicaba tiempo a examinar mi yo emocional y procesar cualquier ira reprimida o tristeza latente que hubiera acumulado y evitar así que afectara sutilmente mi manera de pensar, sentir y comportarme. Y todos los días hacía algo, por pequeño que fuese, para despertar mi lado espiritual. Algunos días rezaba. Otros días pasaba sentado en el jardín parte de mi hora santa, sencillamente aspirando el aroma de las rosas y sintiendo los rayos de sol en la cara. Y, por supuesto, siempre respetaba mi compromiso con seguir siendo fiel a mí mismo y vivir de acuerdo con los valores que consideraba auténticos en lugar de dejarme arrastrar por la multitud a la primera fila de mi conciencia.

Todo esto podría dar la impresión de que dedicaba mucho tiempo y mucha energía a despertar mi vida más grande. La verdad del asunto es que el tiempo que empleaba en mi trabajo interior lo sacaba de todo el tiempo que en mi anterior encarnación malgastaba en varias distracciones que iban de ver la televisión a dormir demasiado. También veía más claramente que nunca que la razón por la cual había dedicado tanto tiempo a hacer aquellas cosas era que, en un nivel profundo y subconsciente, sentía dolor. Sufría porque me había traicionado a mí mismo al no vivir la vida extraordinariamente bella y llena que estaba destinado a vivir. Hasta que empecé a conocerme a mí mismo y a incrementar mi conciencia de lo que realmente estaba pasando en mi interior no tuve idea de por qué vivía de aquella manera. Sencillamente seguía a la multitud y no pensaba mucho en ello. Estaba atrapado en la mentira. Me había visto atrapado en una ilusión. Y me estaba matando. «¿Cuántas personas están atrapadas en sus hábitos cotidianos: en parte adormecidas, en parte asustadas, en parte indiferentes? Para tener una vida mejor», dijo Albert Einstein, «debemos elegir constantemente nuestra forma de vivir».

Vivir se convirtió en una alegría. Tenía más energía que nunca. Todos mis amigos me decían que aparentaba diez años menos. Me sentía muy conectado con otros seres humanos. La confianza en mí mismo y el deseo de ser un gran ser humano se dispararon. Y mi negocio iba viento en popa. Supongo que es verdad lo que Julian me decía tan a menudo: «Atraemos a nuestra vida no lo que queremos sino quienes somos». A medida que me vuelvo más cariñoso, sabio y auténtico, nuestro universo infinitamente inteligente me tendió la mano y me ofreció el viento debajo de mis alas.

Julian me dio su ejemplar personal de *El santo, el surfista y el ejecutivo*, el libro que me había llamado la atención en su habitación del Q. Cuenta la odisea de un hombre que quiere descubrir su vida más grande y gira en torno a tres maestros especiales que le revelan lecciones convincentes que le ayudan a transformarse. Es una lectura maravillosamente inspiradora y me encantaron las numerosas citas que contiene. Comprendo por qué le gustaba a Julian. Cerca del final del libro hay una cita en particular que se convirtió para mí en una afirmación diaria durante esta época de mi vida. La pegué en el espejo del cuarto de baño junto a la cita de Aristóteles que ya he mencionado y la leía en voz alta todas las mañanas. Las palabras eran de Henri Frederic Amiel y decían lo siguiente:

> El proceso de la vida debería ser el nacimiento de un alma.
> Esto es la alquimia más elevada, y esto justifica nuestra presencia en la tierra.
> Esto es nuestra vocación y nuestra virtud.

Otros libros que leí durante ese período y que me animaron a seguir ahondando y a brillar más intensamente en el mundo son *Hope for the Flowers* de Trina Paulus, *Siddharta* de Herman Hesse, *Synchronicity* de Joseph Jaworski, *Canastas sagradas* de Phil Jackson y un librito maravilloso que habla de no darse nunca por vencido y que se titula *El buscavidas* de Peter B. Kyne. Nunca había apreciado plenamente el poder de los grandes libros para introducirme en mi mejor yo.

En este período de gran introspección y crecimiento personal también dediqué mucho tiempo a comprender del todo el proceso que Julian me había enseñado. Comprendí que las siete Etapas del Autodespertar representaban un modelo elegante de la senda que todo buscador debe recorrer para llegar a su yo esencial. Unía en una estructura sencilla y fácilmente comprensible una parte muy grande del pensamiento de muchas culturas diferentes y de muchos místicos diferentes sobre por qué estamos aquí y cómo funciona nuestra vida. El viaje que Julian había descrito era el de vuelta a la verdad y la iluminación, dos metas que los seres humanos han querido alcanzar desde los albores de la especie. También comprendí que, mientras Julian me guiara a través del proceso durante unos cuantos meses y creara ejemplos que me ayudaran a comprender de qué trataba cada etapa, yo experimentaría *de forma natural* cada una de las siete etapas de la senda, siempre y cuando siguiera estando dispuesto a recorrer este camino para llegar al autodespertar y la autenticidad. Como dijo una vez: «las siete Etapas del Autodespertar es el proceso por el que *todo* buscador debe pasar cuando se dirige al lugar donde su corazón siempre ha querido que estuviese». Julian me explicó que en vez de tardar unos cuantos meses, en realidad el viaje podía durar toda una vida. De hecho, no todos los que echan a andar por la senda llegarán a su destino. La mayoría no llega. Pero cada día nos ofrece la oportunidad de acercarnos un poco más al ideal y convertirnos en quien estábamos destinados a ser. Cada día en la senda trae mayores bendiciones y más poder personal. Cada momento del viaje consciente hace que las capas que cubren el Buda de oro que hay dentro de nosotros brillen a través del barro de nuestros temores, creencias restrictivas y falsas suposiciones. Julian sencillamente había reducido el proceso para ayudarme a comprenderlo con rapidez. Trataba de ofrecerme un marco claro y eficaz que explicase la senda espiritual. Trataba de darme tanto valor como pudiera y ayudarme en la medida de lo posible en el limitado espacio de tiempo de que disponía.

 Me daba cuenta de que había muchas personas en el mundo a las que Julian quería servir y sabía que necesitaba empezar con la siguiente. A menudo le expresaba mi agradecimiento por encontrarme y ayudarme a transformar mi vida, como sin duda había hecho. Había sido un amigo leal de mi padre y así se lo decía con regularidad. Esto le hacía feliz. «La amistad es una cosa increíblemente importante para mí, Dar. Valoro y quiero a mis amigos. Tu padre era un hombre maravilloso. Es un placer ayudarte, de la única manera que sé hacerlo.»

Poco tiempo antes Julian incluso me había dicho que quería tomar parte en el movimiento pacifista mundial y que estaba estudiando qué podía hacer para ser útil al mismo. Varios líderes políticos empezaban a ser conscientes de su trabajo gracias a la propagación de su mensaje y Julian mencionó que daba la bienvenida a la oportunidad de ayudar tanto como pudiese. Estaba convencido de que su sabiduría y su filosofía podían reducir profundamente los conflictos en muchas partes del mundo como, por ejemplo, Oriente Medio e Irlanda del Norte, por citar solo dos. Yo estaba completamente de acuerdo y esperaba el día en que Julian saliera a la escena mundial como estadista y demostrara a presidentes y primeros ministros cómo abrir su corazón y recuperar su mejor yo era la verdadera clave para poner fin a las guerras, formar alianzas que beneficiasen a todos y hacer del mundo un lugar mejor, más lleno de amor. «Para eliminar el odio en el mundo, primero debemos eliminar el odio que llevemos dentro de nosotros mismos», me dijo Julian una noche cuando estábamos charlando por teléfono. Yo sabía que Julian hubiera arriesgado la vida en defensa de esa verdad.

Julian también me dijo que un productor de cine había conseguido localizarle unos meses antes. Le había informado de que había gran interés por hacer una película sobre su vida y sobre todo lo que estaba haciendo para edificar un mundo nuevo. Se estaban preparando grandes cosas para Julian. Yo sabía que no pretendía llamar la atención y que hacía lo que hacía impulsado por las intenciones más puras. Pero me alegraba de que recibiera un poco del reconocimiento que merecía. Era un evangelista en el sentido más auténtico de la palabra: lo único que quería era anunciar la buena nueva en un mundo que la necesita desesperadamente.

Debía encontrarme con Julian en el palacio de justicia a las nueve de la mañana. Me había hecho saber que tenía proyectada una sesión de entrenamiento muy especial para mí, una sesión que haría que la siguiente lección cobrara vida de forma inolvidable.

Cuando subía los escalones de cemento del palacio de justicia, un agente de policía se me acercó rápidamente. Me llevé una sorpresa al ver que conocía mi nombre.

—¿El señor Sandersen?

—Esto... sí —dije, preguntándome a qué venía todo aquello—. ¿Qué ocurre?

—Le ruego que venga conmigo. Soy el agente Pérez y me han ordenado que le acompañe adentro. No puedo decir nada más... me han hecho jurar que guardaría el secreto.

Parte de mí pensó que Julian estaba detrás de aquello. Pero otra parte empezó a preocuparse un poco. El agente estaba tan serio. Sin embargo, yo era un ciudadano decente que respetaba la ley, se ocupaba de sus propios asuntos y no se metía en líos. ¿Qué podía querer de mí la policía?

El agente Pérez me condujo por un pasillo cuyas paredes estaban adornadas con cuadros antiguos en los que aparecían jueces con toga. Guardó un silencio total y su actitud era muy oficial. Yo le seguía a uno o dos pasos. Nunca había estado en el palacio de justicia y me sentía intrigado. Me gustaban las películas de abogados y juicios que hoy llenan las pantallas de televisión. Mi madre había querido que estudiase para abogado.

—Ya hemos llegado, señor Sandersen. Que tenga usted muy buen día, señor —dijo con una débil sonrisa.

Me había llevado hasta el Juzgado Número 6 y ahora me encontraba ante dos enormes puertas de madera. El edificio olía a cerrado y las alfombras pedían a gritos que las cambiasen por otras nuevas después de tantos años de trasiego. No se veía ni un alma. Abrí las puertas y entré en la sala sin tener idea de lo que me esperaba. El corazón me latía con fuerza.

En la sala había solo dos personas. En la parte frontal del cavernoso lugar había un juez anciano sentado en el estrado. Y ante él, de espaldas a mí, se encontraba un abogado alto que vestía un traje gris de raya diplomática. Como buen conocedor de trajes de primera calidad, me di cuenta de que el que llevaba el abogado era muy caro. El juez y el abogado estaban hablando, aunque no pude oír lo que decían. Ambos parecían muy animados y el juez movía las manos al tiempo que el abogado asentía con la cabeza. Avancé unos pasos y me senté en uno de los largos bancos de madera reservados para los ciudadanos que desearan presenciar los juicios. Bajé los ojos.

—Ahí no, señor Sandersen... aquí arriba —me ordenó el juez, señalando el asiento que normalmente se reserva para los acusados.

—¿He hecho algo malo? —pregunté esforzándome por guardar la compostura—. Un amigo mío me pidió que me reuniera con él aquí a las nueve. Cuando subía los escalones, un policía, el agente Pérez, me ha parado y me ha acompañado hasta esta sala. No tengo idea de qué va todo esto. Mi amigo debe de estar buscándome, y yo me siento desconcertado porque no sé por qué me han traído hasta aquí. ¿Se me acusa de algún delito?

—Del delito de autotraición, amigo —afirmó el abogado alto en tono enérgico al tiempo que se volvía y empezaba a reír.

¡Era Julian! Se me acercó y me abrazó de forma más efusiva que nunca. Miré de reojo al juez y vi que reía como un colegial.

—Espero que no te hayamos asustado, Dar. Walter... quiero decir el juez Ford —dijo Julian guiñando un ojo a su cómplice—, accedió a participar en esta pequeña farsa para ayudarme a enseñarte la lección de hoy. Walter y yo solíamos pasar mucho tiempo juntos cuando yo ejercía de abogado y nos hicimos grandes amigos. Le llamé anoche y le pedí un pequeño favor —explicó Julian con una sonrisa.

Ahora habló el juez, que se dirigió a Julian en tono muy afectuoso y efusivo.

—Eras el mejor abogado que he conocido, Julian. Nadie podía igualar tus habilidades de litigante. De veras que nunca he encontrado mejor mente jurídica en toda mi carrera de juez. Y he visto algunos abogados brillantes a lo largo de mi vida. Pero es estupendo volver a verte, viejo amigo. Todos nos preguntábamos adónde habías ido tras dejar de ejercer. Esa historia increíble sobre tu transformación en el Himalaya... gracias por compartirla conmigo. Me costará un poco acostumbrarme a tu aspecto de ahora. Quiero decir que ¡vuelves a ser joven! Increíble... nunca he visto ni oído nada parecido. Si quieres venir a cenar una de estas noches, mi puerta siempre estará abierta para ti, y tú lo sabes, ¿no es cierto, Julian?

—Lo sé. Gracias, Walter —respondió cortésmente Julian.

—Julian, todo el mundillo jurídico te echa de menos. En cuanto a usted, señor Sandersen, no sé qué le estará enseñando Julian, pero tengo la sensación de que va a cambiar su vida.

—Ya me la ha cambiado, señor. Ya me la ha cambiado —respondí, sintiéndome más tranquilo y viendo el lado humorístico de las inagotables travesuras de Julian. Sabía que le gustaba mantener el interés y cambiar las cosas.

El juez descendió del estrado y estrechó la mano de Julian entre las suyas, como hacen los políticos en las campañas electorales para expresar su afecto a los votantes. Luego salió de la sala por una puerta privada que había en la parte de atrás.

—Claro que no has cometido ningún delito, amigo mío. Sé que dejaste atrás la etapa de la autotraición hace muchas semanas. Solo quería hacer algo para que la Sexta de las siete Etapas del Autodespertar cobrara vida para ti. Verás, la Sexta Etapa consiste totalmente en un juicio.

—¿Ante un tribunal?

—No, Dar, se trata de un juicio o prueba de otra clase. Antes de que un buscador llegue a su destino final, su yo más grande debe someterse a un juicio. Antes de alcanzar el tesoro que lleva tiempo anhelando, debe superar una prueba. Sencillamente es como funciona la vida en la senda. Si estudias alguno de los grandes libros sapienciales que describa este viaje de despertar personal, verás que el buscador o protagonista siempre ha de hacer frente a alguna prueba o adversidad justo antes de recibir el premio: la vida que siempre ha deseado.

—¿Por qué funciona así el mundo, Julian? ¿Por qué las leyes de la naturaleza mandan al buscador una prueba justo antes de que llegue al final de su viaje?

—Buena pregunta. Hay dos razones por las cuales la naturaleza envía una prueba. En primer lugar, para cerciorarse de que el buscador ha aprendido e integrado plenamente todas las lecciones que debía aprender en su vida. Y, en segundo lugar, para poner a prueba la resolución del buscador. La mayoría de la gente se da por vencida justo antes de alcanzar sus sueños. *La mayoría de la gente abandona cuando faltan solo unos pasos para obtener todo lo que quería.* Es como la vieja historia del buscador de oro. Se pasó toda la vida buscando la gran pepita de oro que le convertiría en un hombre rico. Un día, mientras estaba picando una piedra grande con su martillo, decidió que ya tenía bastante. Después de treinta y cinco años todavía pasaba apuros para ir tirando. Así que arrojó la piedra, dejó el martillo en el suelo y abandonó la mina para siempre. A la mañana siguiente, un joven que empezaba a buscar oro aquel día recogió la piedra que el otro había tirado. Observó que ya estaba muy picada, así que decidió asestarle un buen martillazo. El joven no podía dar crédito a lo que vieron sus ojos. La piedra se partió en dos y dejó al descubierto la mayor pepita de oro que jamás viera alguno de los otros buscadores. El joven había hecho fortuna sencillamente porque el otro buscador no había tenido la sabiduría y el valor de persistir hasta encontrar lo que quería.

Julian hablaba apasionadamente ahora.

—«La adversidad pone de manifiesto el valor del alma para soportar estoicamente lo que el Cielo le mande», señaló Eurípides. *Nunca debes darte por vencido cuando se te presente una prueba en la senda.* Y se presentarán muchas. Sí, antes de tu mayor victoria, sin duda harás frente al mayor desafío. Puedes estar seguro de que justo antes de alcanzar el punto *más alto* de tu evolución personal, te encontrarás ante una prueba *enorme*. De eso trata la Sexta Etapa. Pero dicho esto, antes de que recibas algunas de las ganancias que obtendrás ahondando más y más y recordando quién eres verdaderamente, tendrás que afrontar muchas pruebas. Si eres consciente de que todo esto forma parte del camino que debes recorrer para volver a tu yo auténtico, te resultará más fácil porque estarás preparado.

—Comprendo. Y tienes razón. Solo saber que debo esperar algunos reveses o que encontraré algunos obstáculos me ayuda a comprender cómo funciona este proceso. Cuando surjan los escollos, sabré que todos los demás buscadores han experimentado algo parecido en la senda. Eso lo hará más fácil. Y algo me dice que los reveses también tienen por objeto fortalecerme. Los tiempos difíciles nos hacen más fuertes —dije—. Magnífico traje, por cierto —añadí con una sonrisa.

—Me lo han prestado solo para la mañana. No podía presentarme en el palacio de justicia sin él. Volver aquí me trae tantos recuerdos. Tú sabes, amigo, que amo mi nueva vida, la que he llevado desde que regresé de la India. Nunca me he sentido tan a gusto en mi propio pellejo. Tengo la sensacion de estar cumpliendo una misión y viviendo la vida que estaba llamado a vivir. Todas las mañanas me despierto con una espléndida sensación de alegría y energía sin límites, ansiando salir al mundo y sacar provecho de los dones y el talento que he recibido. Realmente no echo mucho de menos la vida que llevaba antes. No era yo. Sé que por fuera debía de parecer que lo tenía todo. Me rodeaban mujeres preciosas, llevaba el estilo de vida de la jet-set, la prensa publicaba en primera plana mis victorias en los tribunales, tenía tanto dinero que no sabía cómo gastarlo. Pero por dentro tenía la sensación de ser un muerto viviente. No tenía chispa. Mi luz interior era tenue. No era forma de vivir y, créeme, no echo de menos aquella existencia. Pero venir aquí hoy me trae muchos recuerdos. Hice muchos amigos en la profesión. Y conocí a mucha gente realmente buena. Verás, Dar, *todo el mundo* tiene bondad en su interior. Cuando las personas hacen algo mezquino o causan daño, no cometas el error de creer que lo que ves es una representación fiel de quiénes son verdaderamente. Nadie es malo en el fondo... sencillamente se *comporta* mal. En modo alguno estoy diciendo que necesitas seguir cerca de personas que te tratan mal. Por supuesto que debes marcar fronteras y protegerte. Lo único que digo es que no debes dejar que te engañe la ilusión de que existen seres humanos malos. Los que hacen cosas malévolas han sido tratados de la misma forma por otras personas. No hagas lo que te hagan a ti, porque no está bien.

—Te entiendo, Julian. Lo que has dicho es interesante. En nuestra sociedad nos precipitamos a juzgar demasiadas cosas. Alguien hace algo que no nos gusta y al instante le ponemos la etiqueta de «malo» o «despiadado» o «egoísta» o «dominador». Tal como yo lo interpreto, lo que dices es que se trata de una forma muy superficial de ver la situación. Necesitamos ahondar más para descubrir la verdad. Ser un buscador consiste en llegar a la verdad de lo que realmente está pasando en cierta situación o en la vida en general, ¿no es así?

Julian asintió con la cabeza y sonrió. Estaba contento al ver todo lo que yo iba aprendiendo.

—Y, en un nivel más hondo, las personas que actúan con severidad en realidad no hacen más que volver a escuchar las viejas cintas que siempre las han gobernado. Representan las pautas y los comportamientos que aprendieron en la infancia, en un intento de aguantar y sobrevivir en el mundo. No saben hacer nada mejor. Como no se dan cuenta de lo que pasa en su interior, culpan al mundo exterior de lo que va mal en su vida. Debido a ello, nunca sacan a la luz de su conciencia sus propias sombras, sombras que las gobiernan. Así que siguen siendo pequeñas, atrapadas en la mentira que es su vida. Y cuando se les enseña una manera más sabia y mejor de hacer las cosas las personas pueden empezar a vivir una vida más sabia y mejor. Al darse cuenta de que, para que su vida cambie, *ellas* deben cambiar, despiertan y empiezan a andar hacia su vida más grande.

Julian aplaudió. Luego se subió a la mesa reluciente que tenía delante y ejecutó una extraña danza. Yo no estaba seguro de si la había aprendido en el Himalaya o se la había enseñado alguna de las otras personas a las que entrenaba. Nunca había visto nada parecido. Julian me vio reír, pero no le importó. Siguió agitando las manos en el aire y moviendo los pies de un lado al otro. Al cabo de unos cuantos minutos, bajó de la mesa y salimos de la sala.

—Quiero que esta sala y el juicio de mentirijillas que he organizado te recuerden la Sexta de las siete Etapas del Autodespertar. A veces, antes de que pasen grandes cosas, los tiempos son difíciles. Y, por favor, que mi extraña danza te recuerde que la vida es un juego. No te la tomes demasiado en serio. Diviértete. Baila. Ríe. Mira las cosas con una sana dosis de perspectiva. Sé que has pasado momentos dolorosos recientemente. Lo tengo muy presente. Pero te invito a recordar que en tu vida hay muchas bendiciones. ¿Sabías que en nuestro planeta hay más de mil millones de personas que esta noche se acostarán con hambre? Hay niños que no tienen nada que comer. Hay gente encerrada y sometida a torturas en prisiones. Hay otros seres humanos, nuestros hermanos y hermanas en esta tribu llamada humanidad, encarcelados en habitaciones de hospitales, luchando por sobrevivir a los estragos de alguna enfermedad. Hay tanta gente que tiene mucho menos que nosotros. Se me parte el corazón al pensar en ella —dijo Julian en tono más suave—. Ojalá pudiera ayudarlas a todas. Recuerda lo que dijo la Madre Teresa: «No hay grandes actos, solo actos pequeños hechos con gran amor».

—También dijo: «Si no hubiera recogido aquella primera persona en Calcuta, no hubiera recogido las cuarenta y dos mil» —agregué—. Lo leí en uno de los libros que he estado estudiando. Y tienes razón, Julian. En el pasado siempre me concentraba en lo que faltaba en mi vida en vez de en todo lo bueno que tenía. Supongo que la madurez como ser humano consiste en amar lo que tienes en vez de preocuparte demasiado por tener lo que amas. Sé que crees que necesitamos ser activos y perseguir nuestros sueños. Pero también te oigo decir que experimentar un profundo sentido de gratitud en la vida es importante.

—Esto me hace pensar en el viejo proverbio persa que dice: «Maldecía el no tener zapatos hasta que vi un hombre que no tenía pies» —comentó Julian.

Guardamos silencio y Julian miró los cuadros del pasillo mientras nos dirigíamos a la salida. Al salir del edificio, Julian se detuvo y miró hacia el magnífico parque que había al otro lado de la calle. Metió la mano en el bolsillo de la chaqueta y sacó una hoja de papel del tipo que utilizan los abogados para tomar notas durante los juicios. En la parte superior decía: «Reglas para Ganar Juicios».

—Toma, amigo, esto es para ti —dijo Julian entregándome el papel—. Me gustaría que te aprendieras estas reglas de memoria para que cuando lleguen tiempos difíciles en la senda que lleva al despertar de tu yo más grande y mejor tengas algunas ideas y herramientas específicas para superarlos —Julian hizo una pausa, miró al cielo y, sin dirigirse a nadie en particular, dijo—: Por favor, dame fuerzas para ser tan útil como sea posible.

Luego volvió a mirarme. Había tristeza en sus ojos.

—Eres un hombre poderoso —dijo—. Hace solo unos pocos meses estabas dispuesto a quitarte la vida. Pero algo dentro de ti no te lo permitió. En vez de ello, empezaste a dejar que la vida te guiara y empezaste a abrirte a una nueva manera de ver las cosas. Esto requiere un valor inmenso y dice mucho sobre la persona que eres. Desde que empecé a entrenarte, has depositado tu confianza en mí y has seguido mis instrucciones, por extrañas que parecieran a veces. Has profundizado, has hecho frente a tus resistencias, has investigado tus sombras y has abierto tu corazón. Eres un hombre bueno en trance de convertirte en un gran hombre, Dar. Estoy profundamente convencido de que el mundo necesita más gente como tú, más hombres y mujeres que hagan caso de la llamada de su corazón y despierten a su mejor vida. Se me parte el corazón al ver personas que viven de acuerdo con solo una fracción minúscula de su poder y su potencial. Me duele ver personas que actúan con egoísmo, que anteponen sus propios intereses a los de los demás cuando deberían vivir de una manera que ayudara a los demás y las ayudara a ellas mismas. ¿Sabes lo feliz que serían todos los habitantes del planeta si cada día dedicaran un poquito de tiempo a ser más útiles al prójimo? ¿Tienes idea de la alegría que embarga a una persona cuando se dedica a crear un valor real y duradero para otras? Visto desde este marco de referencia, ayudar a los demás a alcanzar sus sueños es un gran don que te das a ti mi mismo. Pero la mayoría de la gente no ve esta verdad.

Julian hizo una pausa y continuó.

—La mayoría de las personas viven con los ojos vendados, pensando que el mundo que ven es la única realidad. Eso lo sabes ahora. Y piensan que la vida mediocre y pequeña que llevan es la única vida que pueden llevar. Todas las vidas están destinadas a ser grandes. Eso forma parte del «destino general» que ya ha sido trazado para nosotros. Pero a nosotros nos corresponde añadir los detalles del destino. Es la asociación de la que te hablé en una de las primeras sesiones de entrenamiento. La vida es un proceso cocreativo. Haz todo lo que puedas. Persigue tus sueños. Abre tu corazón. Haz tu trabajo interior. Actúa mucho. Levántate temprano y sé disciplinado. Haz todo lo que te sea posible para llenar el Vacío de Integridad, dejar de reciclar y realizar los cuatro Despertares. Entonces, y solo entonces, déjalo y acepta lo que venga, a sabiendas de que es lo mejor para ti.

La fe de Julian en el potencial de los seres humanos me conmovía. Julian era un creyente en medio de una sociedad donde demasiada gente ha abandonado la idea de que cada uno de nosotros puede ser grande. En algún lugar del camino la mayoría aceptó una mentira según la cual la grandeza estaba reservada para unos pocos elegidos. En alguna parte del camino alguien nos hizo creer que nuestra vida no estaba destinada a ser extraordinaria. Julian sabía que no era así. Sabía que fuimos creados para la grandeza. Comprendía que hemos sido creados para brillar intensamente. Era consciente de la verdad de que no hay gente de más en el planeta y de que todos tenemos la obligación de surtir un efecto y ser una bendición en la vida de quienes nos rodean.

—Tengo que irme de la ciudad mañana. Mi próxima misión es en Inglaterra y mi avión sale a las nueve de la noche. Me entristece tener que dejarte, amigo. Estoy tan orgulloso de lo que has llegado a ser y de lo que serás. Y mereces todo lo que está sucediendo para ti. Yo te ofrecí la senda y la sabiduría. Pero tú tuviste el valor y el buen sentido de poner en práctica el conocimiento que compartí contigo. *La sabiduría, si no se pone en práctica, no vale nada.*

No podía creer que Julian tuviera que irse. Le había tomado cariño a este hombre de pocos bienes que conducía coches veloces y a veces llevaba trajes estupendos. Le respetaba enormemente y me preocupaba muchísimo por su bienestar. Y, si he de ser sincero, me di cuenta de que estaba un poco asustado, ahora que sabía que estaría solo, sin un guía en la senda. Como siempre, Julian se dio cuenta de lo que me pasaba.

—Sabes que nunca estarás solo, Dar. Ahora tienes a Sasha. Y deberías saber que a medida que avances por la senda, atraerás de forma natural a más buscadores. Encontrarás más apoyo por el camino del que nunca hayas imaginado. Por favor, no te preocupes. Y además —agregó Julian—, recuerda que en esencia todas las respuestas están dentro de ti. No necesitas un guía. Este viaje no consiste realmente en aprender cosas que necesitas aprender, sino más bien en recordar cosas que has olvidado. El Buda de oro ya está dentro de ti. Lo único que necesitas hacer es quitar las capas y todo estará bien en tu universo.

—Gracias, Julian. Te quiero como si fueras mi padre, ¿sabes?

—Lo sé. Gracias. Observaré la ascensión de tu estrella —replicó—. Así que reunámonos mañana a las cinco de la mañana. Me gustaría que te reunieras conmigo en el cementerio de Rolling Hills. Sé que te estás preguntando por qué nos encontraremos allí, pero las respuestas resultarán obvias dentro de poco.

Julian me dio uno de sus característicos abrazos fuertes y luego bajó lentamente los escalones del palacio de justicia. Vi que saludaba a un pordiosero y que luego entraba en el parque. Mis ojos se llenaron de lágrimas mientras le miraba. Habría un agujero grande en mi vida sin Julian.

Miré el papel que tenía en las manos. Decía: «Reglas para Ganar Juicios»; eran siete y yo sabía que serían útiles para superar los tiempos difíciles. Decían lo siguiente:

Regla n.º 1: Recuerda que la vida es una serie de estaciones. Cada ser humano tendrá que soportar los rigores de unos cuantos inviernos con el fin de llegar a la gloria de los mejores veranos. No olvides nunca que los inviernos no duran.

Regla n.º 2: Hazte socio del Club de la Esperanza. Los objetivos grandes, bellos y aparentemente imposibles son vehículos soberbios para mantenerte inspirado ante las adversidades. Una vez te cité unas palabras de Da Vinci: «Fija tu rumbo en una estrella y podrás capear cualquier temporal». Cuando vayas en pos de objetivos grandes y nobles que atraigan a lo mejor que llevas dentro, el deseo de alcanzarlos te ayudará a superar los tiempos difíciles que encontrarás en la senda del buscador.

Regla n.º 3: Ten presente, en todo momento, que nuestro mayor sufrimiento es el que más nos hace crecer. Al pasar por él, hace daño. Pero también cura. Cuando una jarra de agua cae al suelo y se agrieta, lo que estaba escondido dentro de ella empieza a salir. Cuando la vida te envíe una de sus curvas, recuerda que ha venido a ayudarte a abrirte para que todo el amor, poder y potencial que dormían dentro de ti puedan salir al mundo. Y, al igual que un hueso fracturado, *nos volvemos más fuertes en los lugares rotos.*

Regla n.º 4: El fracaso se elige. Nada puede parar a un hombre o una mujer que sencillamente se niegue a que le impidan avanzar. El libro que mencioné —*El buscavidas*— te será útil en este sentido. Léelo a menudo. Sencillamente toma la decisión desde el centro de tu corazón de que, *te pase lo que te pase*, seguirás caminando por la senda auténtica. Esto te garantizará una vida de *verdadero* éxito.

Regla n.º 5: Durante los tiempos difíciles existe la tendencia al abandono. Al encontrar adversidades, sé disciplinado y sigue haciendo lo que hagas siempre. Levántate temprano. Haz tu hora santa. Come muy bien. Haz ejercicio. Pasa tiempo con la naturaleza y asegúrate de que haces todo lo posible para que tus cuatro dimensiones centrales —la mente, el cuerpo, las emociones y el espíritu— continúen funcionando bien.

Regla n.º 6: Experimenta tus sentimientos. Cuando hagas frente a tiempos difíciles algunas personas te dirán «sencillamente piensa cosas positivas». Este consejo *no* es útil. Si bien estoy de acuerdo en que no puedes hacer que el coche avance si tienes los ojos clavados en el espejo retrovisor y en que vivir en el pasado no es sano, no hay que precipitarse a convertir un acontecimiento negativo en otro positivo. Sería sumirse en la negación. Experimenta a conciencia los sentimientos de dolor, ira o tristeza que, como es natural, saldrán a la superficie. No es malo estar con ellos. De hecho, es saludable. Procesarlos te permite liberarte de ellos. Sencillamente no te atasques en ellos. La clave consiste realmente en encontrar un equilibrio. Experimenta los sentimientos que surjan con el fin de no acabar tragándotelos y permitiendo que se enconen. Al mismo tiempo, utiliza tus facultades intelectuales para ver la parte positiva que hay en todo lo negativo. No es un proceso científico y en esencia necesitas hacer lo que te parezca acertado.

Regla n.º 7: Recuerda que, por difíciles que se pongan las cosas, *nunca estás solo*.

Doblé el papel. La sabiduría de Julian era profunda además de práctica, aunque no acababa de estar seguro de lo que quería decir al final sobre estar solo. Supuse que el tiempo y la experiencia me darían la respuesta. Estaba descubriendo que la vida era la mejor maestra.

Permanecí sentado en los escalones del palacio de justicia una hora y pico. Observé las personas que pasaban y los pájaros que se remontaban en el cielo. Sentí los rayos del sol en el rostro y una suave brisa acariciándome el pelo. Julian me dejaría al día siguiente. Mi entrenador se iría. Había aportado tantas cosas a mi vida. Juré que empezaría a devolverlas.

DIEZ

El buscador despierta

> Cuando te inspira algún gran propósito, algún proyecto extraordinario, todos tus pensamientos rompen sus ataduras; tu mente trasciende las limitaciones, tu conciencia se expande en todas las direcciones y te encuentras en un mundo nuevo, grande y maravilloso. Fuerzas, facultades y talentos que estaban dormidos cobran vida y descubres que eres una persona más grande, con mucho, de lo que jamás habías soñado que serías.
>
> PATAÑJALI

Salía el sol cuando me dirigí en coche al cementerio de Rolling Hills.* Este cementerio pequeño y poco conocido estaba situado fuera de la ciudad, en un lugar conocido por sus espacios abiertos y sus bellos prados. Dejé la autopista, enfilé una carretera llena de curvas y pasé junto a un lago donde solía pescar con mi padre cuando era pequeño.

Al acercame al cementerio oí unos cánticos. Al parar el coche y apearme, me di cuenta de que alguien estaba escuchando

---

* En inglés, «colinas onduladas». (*N. del T.*)

lo que parecía ser un compacto de cantos gregorianos. Con los cánticos y la niebla matutina flotando todavía sobre las colinas onduladas todo el paraje presentaba un aire místico. No se veía a Julian en ninguna parte.

Anduve por el camino de tierra hacia el pequeño edificio situado en la cima de una colina cubierta de hierba. Al empezar a subir por la ladera, miré el campo de cruces y reflexioné sobre las vidas que representaban. Me di cuenta más que nunca de que incluso la vida más larga es increíblemente corta cuando se compara con la eternidad. A medida que avanzamos por la vida damos importancia a cosas triviales, olvidamos lo que es más importante y no nos damos cuenta de que la vida pasará de largo a menos que optemos por jugar en el partido. A menudo cuando despertamos ya es demasiado tarde y se nos han escapado nuestros mejores años.

Había pasado gran parte de mi vida persiguiendo el reconocimiento y la fortuna. Pero, por mucho que lograra alcanzarlos, nunca tenía suficiente. Era casi como una adicción. Nada podía hacer que desapareciera el ansia y, por más que me esforzara en combatirla, siempre volvía a atraerme. Por el camino había perdido lo que más significaba para mí. Sabía que nunca volvería a cometer el mismo error. Sin duda, el éxito externo era importante. Me gustaba el hecho de que la filosofía de Julian para la realización personal permitiese ganar dinero, tener cosas bonitas y estar «en el mundo». De hecho, me dijo que estas cosas eran muy positivas. Somos seres espirituales, pero vivimos en un mundo muy humano y no hay motivo para pedir disculpas por disfrutar de los dones materiales que este mundo nos ofrece. La gran idea de Julian era que perseguir estas recompensas fugaces no debe ser el objetivo *principal* de la vida. Era verdaderamente una cuestión de prioridades y despertar mi mejor yo tenía que seguir siendo la tarea más importante.

Al aproximarme al edificio, los cánticos se hicieron más fuertes. Sabía que Julian no andaba lejos de allí. Sin duda se trataba de otro de sus heterodoxos métodos de entrenamiento. Sonreí.

—¡Julian! —llamé—. Sé que estás aquí. Será mejor que me digas dónde estás.

No hubo respuesta. Alcé la voz:

—¡Vamos, Julian! Sé que estás aquí arriba. ¿Dónde estás?

Entonces vi que una figura se me acercaba bajo la niebla. Era Julian e iba vestido con su túnica, la capucha cubriéndole la cabeza. Llevaba un ramo de flores en cada mano y la mochila en la espalda.

—Buenos días, Dar —dijo en tono serio—. Tendré que irme al aeropuerto dentro de unas horas. Pero necesitaba verte. Es nuestra última sesión de entrenamiento juntos. Debo compartir contigo la etapa final de las siete Etapas del Autodespertar. Sígueme, por favor —me ordenó Julian alejándose del edificio e internándose en el campo de lápidas. Seguían oyéndose los cánticos.

Anduvimos solo cosa de un minuto antes de que Julian se detuviera ante una tumba reciente. Se arrodilló y puso las flores alrededor de la tumba. No dijo ni una palabra y parecía sentir un respeto extraordinario por el lugar sagrado donde nos encontrábamos.

—Julian, ¿de quién es esta tumba? —pregunté en voz baja.

—Tuya —fue la respuesta.

No tenía la menor idea de lo que quería decir Julian. Durante nuestra vida la gente nos dice cosas o actúa de ciertas maneras. Gran parte del sufrimiento que experimentamos como seres humanos nace del hecho de que hacemos ciertas suposiciones sobre lo que nos sucede. Por ejemplo, llegamos al trabajo y un colega no nos saluda. Suponemos que está enfadado con nosotros. Es una suposición falsa. La verdad podría ser que su hijo está enfermo y eso le preocupa. La única manera de comprobar la verdad de nuestras suposiciones es tener el valor de hacer preguntas para aclarar nuestra comprensión. Esto no es nada más que adquirir habilidad para comunicarnos. Pero la mayoría de la gente nunca la adquiere. Durante las últimas semanas me había comprometido a descubrir la verdad en todas las situaciones. Me daba cuenta de que, en el pasado, a menudo había interpretado mal ciertas situaciones y estaba decidido a decir mi verdad cuando necesitara más respuestas.

—Julian, ¿qué estás diciendo? ¿Cómo podría esta tumba ser la mía? No estoy muerto. Nunca he estado más sano ni más feliz. Nunca he estado tan vivo. ¿Qué estás insinuando? Estoy un poco confundido.

—Tranquilo, amigo. Esta tumba es una metáfora de la última lección que tengo que compartir contigo. Esta tumba *podría* ser la tuya. Esta tumba *podría* ser la mía. Podría ser la tumba de cualquiera. De lo que se trata es sencillamente de que *con el fin de despertar a tu mejor vida, es importante que mueras mientras estás vivo.*

—¿Qué quieres decir?

—La mayoría de la gente vive como si tuviera todo el tiempo del mundo. Desearía disponer de más tiempo en sus días y, a pesar de ello, malgasta el tiempo que tiene. Aplaza el vivir hasta que ocurra algún acontecimiento futuro. La gente así dice: «Pasaré más tiempo con la familia cuando me den un ascenso importante» o «Me lo pasaré mejor cuando mis hijos hayan crecido» o «Perseguiré mis sueños cuando haya ganado un poco más de dinero» o «Mejoraré mi salud en cuanto haya pasado esta temporada de estrés». *La vida no espera a nadie.* Una de las cosas más importantes que puedo enseñarte es a conectar con tu mortalidad de manera regular. Recuérdate a ti mismo que el tiempo es lo más precioso que tienes. Decirte a ti mismo que serás tu yo más grande en algún momento futuro es suponer mucho. Tú y yo podríamos morir hoy mismo. Como te dije cuando nos encontramos en el Q, nadie sabe cuándo llegará su hora. Cada día debería vivirse como si fuera el último día en el planeta. Trata a todas las personas con las que te encuentres como si fuera la última vez que vayas a verlas. Corre grandes riesgos a medida que pasan las horas y aprovecha todas las oportunidades de grandeza personal cuando se presenten. Sugiero que te levantes temprano todos los domingos, o incluso algún domingo de vez en cuando, y subas aquí. Ven solo. Conviértelo en un ritual regular.

—¿Y exactamente qué debería hacer al llegar aquí?

—Conectar con tu muerte. Piensa en la vida que sabes que eres capaz de crear y recuérdate a ti mismo que te deshonras si no la vives y respiras cada día. Cada momento que pasamos en la superficie de la tierra es una oportunidad gigantesca. Ya te lo había dicho, Dar. Cada día en que te despiertas es un don que hay que celebrar. Estás destinado a brillar. Ven aquí a conectar de nuevo con la delicadeza de la vida. Piénsalo: algunos de los habitantes del planeta que se despertarán hoy habrán muerto cuando se ponga el sol. La mayoría de ellos no se imaginarán que está a punto de sucederles una cosa así. Todos tenían grandes planes para cuando llegara el momento oportuno. *Nadie planea jamás morir.*

Las últimas palabras me golpearon con fuerza. Sabía que estaba viviendo más conscientemente y con más alegría y entusiasmo que nunca. Pero aún me contenía. Aún no le daba todo mi amor a Sasha. Podía ser mucho más para ella. Y al reflexionar más profundamente, me di cuenta de que detrás de esa resistencia había miedo. Temía que si le abría por completo mi corazón, podía hacerme daño o ella podía aprovecharse de mí. Mi temor no tenía ninguna base en la realidad: Sasha era una mujer increíble, en todos los aspectos. Pero los temores a menudo no tienen ninguna base en la realidad; no son más que ilusiones que inventamos nosotros. Y verdaderamente son superficiales.

También había sido más pequeño de lo debido en las relaciones con mis hijos. Sabía que podía convertirme en un padre extraordinario y en ese momento me prometí que lo sería. Cuanto más pensaba en ello, más veía que había mucho más que podía hacer y ser. ¿Por qué no podía ser uno de los líderes más grandes de la industria? ¿Por qué no podía añadir un valor increíble a centenares de vidas, por no decir miles? ¿Por qué no podía acercarme más de lo que nunca había imaginado al estado de iluminación personal?

—¿Recuerdas el ejercicio que te pedí que hicieras cuando nos encontramos en la escuela? —preguntó Julian.

—¿Cómo podría olvidarlo? —respondí—. Me pediste que escribiera mi necrológica. Me pediste que escribiera la historia de mi vida para que tuviese la sabiduría y la conciencia de vivir mi vida hacia atrás. Al saber dónde soñaba que estaría al final, podía tomar las decisiones requeridas en cada momento de cada hora de cada día para llegar allí.

—Lo has dicho perfectamente.

—Y con frecuencia leo en voz alta mi necrológica durante mi hora santa. Generalmente es una de las primeras cosas que hago en cuanto me levanto. Solo eso ha cambiado de forma profunda mi manera de pensar, sentir y actuar durante el día.

—Eso me lleva de manera elegante a la Séptima y última etapa del proceso de autodespertar. Después de dejar la mentira que tu vida era en otro tiempo al decidir embarcarte en la senda de la verdad en el Punto de Elección...

—Las Etapas Primera y Segunda del proceso —le interrumpí.

—Correcto. Bien, después de pasar por estas dos primeras etapas llegas a la Tercera, que es donde empiezas a ver con nuevos ojos. Empiezas a descubrir la verdad. Te das cuenta de cuánto poder ha estado durmiendo dentro de ti. Empieza a crecer tu conciencia de cómo te has estado traicionando y limitando a ti mismo. Empiezas a ver lo maravilloso que es este mundo nuestro y cuánta alegría te espera. ¿Qué viene a continuación, amigo? —preguntó Julian.

—La Cuarta Etapa. Es la etapa en que, al avanzar por la senda, el buscador siente hambre de respuestas a las numerosas preguntas que empiezan a aflorar a la superficie. En esta etapa el buscador busca guías y maestros que le ayuden a encontrar su camino. Todo el saber nuevo y la conciencia intensificada que recibe el buscador llevan luego a la confusión.

—Sí. Los cimientos mismos en que se apoya el buscador empiezan a desmoronarse. Todas las creencias y suposiciones sobre la manera en que funciona el mundo y el papel que el buscador interpreta en él son puestas en entredicho y reevaluadas. La Quinta Etapa es un momento de confusión y cambio enormes. También es un momento de crecimiento personal muy hermoso. Puede que la oruga esté experimentando la oscuridad del capullo, pero ¿adivinas lo que está pasando en realidad?

—Que está naciendo una mariposa —repliqué con seguridad.

—Lo has comprendido. *Todo es bueno.* A continuación viene la prueba inevitable que experimentará todo buscador en la senda. Justo antes de la gran victoria, la vida siempre envía una gran prueba al viajero. Nuestra manera de responder en tales momentos define en muchos sentidos nuestro destino. Optar por ser valiente y seguir adelante es lo mejor que puedes hacer. Y esto, huelga decirlo, me lleva a la última etapa, el Gran Despertar del Yo. Has experimentado fragmentos de todas las etapas durante el tiempo que hemos estado juntos. Sí, he fabricado para ti algunas de las situaciones con el fin de que cada parte del proceso cobrara vida. Lo hice para ayudarte a aprender y crecer en tu comprensión. Pero mucho de lo que has experimentado era de origen orgánico. Al abandonar la mentira y optar por despertar, tú mismo recurriste a libros y guías que te ayudaran a aprender y construir tu base de sabiduría. Y, al hacerlo, tú mismo experimentaste la confusión y la transformación que se presentan en la Quinta Etapa. Y porque no te diste por vencido, se ha producido una transformación *real* en tu vida. Todo parece muy distinto de como era hace poco tiempo, ¿no es verdad?

—Sin duda. Mi vida se ha vuelto hermosa, Julian. Nunca he sido más feliz. Te estoy tan agradecido.

—No hay de qué, Dar. Y cuando me haya ido, la vida traerá sus propias situaciones y experiencias y pasarás por algunas de las etapas sin que yo esté presente. La vida se convertirá en tu entrenadora y mejor maestra... si tú se lo permites.

Julian frotó con una mano los bordados de su túnica.

—La Séptima Etapa es el destino final. Llegar por completo a este punto de la senda es recibir la iluminación. Como ya he mencionado, pocas personas han llegado a este lugar elevado. Pero eso cambiará. Quiero que me ayudes divulgando mi filosofía a todas las personas con las que te relaciones. Tengo la clara sensación de que quieres devolverme algo a cambio de lo que te he dado. Te ruego que tengas presente que no necesito nada mundano. Desde luego, me lo he pasado bien conduciendo mi viejo Ferrari y llevando aquel traje espléndido en el palacio de justicia. Pero estas cosas no son lo más importante para mí. Quiero cambiar el mundo, amigo mío. Quiero influir en tantas personas como me sea posible. Yo era un abogado infeliz que luchaba en la vida... desde el punto de vista espiritual. Mi vida estaba totalmente desequilibrada y dramáticamente descontrolada. Pero ya me ves ahora —dijo Julian en tono apasionado—. Lo que aprendí en aquellas montañas da buenos resultados y quiero que todas las personas a las que tenga la oportunidad de afectar descubran lo que descubrí allí arriba con aquellos sabios iluminados. Lo único que te pido que hagas es que hables a los demás de lo que he compartido contigo. La mejor forma de aprender es enseñar, y de paso te harás un favor a ti mismo.

Julian se acercó a mí y apoyó ambas manos en mis hombros. Miró por última vez el cielo azul y cerró los ojos.

—Dar, has sido un alumno excelente. No podría sentirme más feliz por ti, en lo que se refiere a cómo se te presentan las cosas en la vida ahora. Vas camino de lugares magníficos y no puedes imaginar las maravillas que te esperan. He disfrutado enormemente del tiempo que hemos pasado juntos. Me has tratado con gran amabilidad, respeto y amor. Te ruego que sigas escuchando esa vocecilla que está creciendo dentro de ti. Es la llamada de tu corazón y, si sigues confiando en ella, te llevará a donde necesitas ir. Sigue permitiendo que el talento que se te ha dado vea la luz del día. Continúa creando valor para todas las personas de tu vida. Y sigue caminando por esta senda, pase lo que pase. De esta forma tu vida será una gran vida y tu legado será grande.

Julian abrió los ojos. Una lágrima solitaria bajó por su mejilla y fue a parar a la túnica. Julian miró la mancha y rió.

—Todo final es un nuevo principio. Tú me enseñaste eso hace un tiempo… no lo olvides, entrenador —dije alegremente.

—Bien dicho, amigo. Es solo que me cuesta dejar a la gente a la que he tomado cariño. Tú y las demás personas a las que he entrenado desde que volví de la India sois mis héroes. El valor que todos mostráis hace que me sienta humilde. Ojalá pudiera quedarme aquí y guiarte por la senda. Pero eso no es lo que necesitas. Y tampoco es mi destino. Antes de irme, quiero hacer algo. ¿Me lo permites? —preguntó Julian.

—Por supuesto, Julian, todo lo que quieras hacer me parece bien.

Julian se quitó la mochila y la abrió. Extrajo de ella un diario muy manoseado y encuadernado en piel y lo abrió. De pie al borde de la tumba y con voz fuerte y sonora dijo:

—Quiero hacer algo que no he hecho nunca. Quiero leer mi necrológica en voz alta.

Luego hizo una pausa antes de pronunciar las siguientes palabras:

NECROLÓGICA DE JULIAN MANTLE

Julian Mantle era un hombre que creía en el poder del espíritu humano para ser una fuerza del bien en el planeta. Era un idealista y una persona que creía verdaderamente que toda persona viva podría hacer algo importante si aceptase la llamada para hacerlo.

Julian era un hombre sencillo. Amaba los grandes libros, las puestas de sol, las noches estrelladas y una gruesa porción de tarta de chocolate de vez en cuando. Por encima de todo, Julian amaba a las personas y se pasó la vida ayudándolas a descubrir quiénes eran verdaderamente.

Cometió muchos errores en su vida. Pero aprendió de ellos. Encontró mucho dolor personal, pero creció a partir de él.

Julian nunca huía de sus temores. En vez de ello, corría hacia ellos y de esta manera recuperaba su libertad. Era auténtico valiente y cariñoso.

Julian murió anoche a la tierna edad de 108 años. Influyó en muchas vidas y su presencia se echará de menos.

Al oír las palabras de Julian, rompí a llorar. Al alzar los ojos, vi que se había ido. Mis ojos recorrieron el campo, pero no había ni rastro de Julian. Aún se oían los cánticos que salían del pequeño edificio de la colina y el sol brillaba intensamente. No había ni una sola nube en el cielo.

Al pasar por entre las tumbas, algo que relucía entre la hierba me llamó la atención. Me agaché y lo que vi me dejó atónito. Era un pequeño Buda de oro atado a una tira larga y estrecha de cuero para poder llevarlo colgado del cuello. En la parte de atrás del objeto primorosamente trabajado había unas palabras sencillas escritas con letra muy pequeña:

DESPIERTA TU MEJOR YO Y SIGUE BRILLANDO.
CON CARIÑO, J. M.

Me colgué del cuello el obsequio de Julian y eché a andar hacia mi coche. No podía dejar de sonreír. Mi vida se había vuelto hermosa.

Las siete Etapas del Autodespertar

Etapa 1: Vivir una Mentira (la etapa de autotraición).
Etapa 2: El Punto de Elección (la etapa de liberar el control y romper tus cadenas).
Etapa 3: Conciencia de Maravilla y Posibilidad (la etapa de ver con ojos nuevos).
Etapa 4: Instrucción de los Maestros (la etapa de aprendizaje, fracaso y preparación).
Etapa 5: Transformación y Renacimiento (la etapa de vaciar y volver a llenar).
Etapa 6: El Juicio (la etapa de prueba y confirmación).
Etapa 7: El Gran Despertar del Yo (la etapa de falta de miedo).

Las cinco devociones diarias

1. Levántate a las 5 de la mañana todos los días. Los que se levantan temprano son los que reciben lo mejor de la vida.
2. Reserva los primeros sesenta minutos del día para tu «hora santa». Es tu tiempo sagrado para hacer el trabajo interior (rezo, meditación, diario, lectura de libros sapienciales, reflexión sobre el estado de tu vida) que te ayudará a vivir tu vida más elevada.
3. Muestra un nivel de solicitud, compasión y carácter muy superior al que nadie pueda imaginar en ti. De esta manera harás la parte que te corresponde en la construcción de un mundo nuevo.
4. Muestra un nivel de excelencia en el trabajo muy superior al que nadie esperaría de ti. A cambio recibirás abundancia y realización.
5. Dedícate a ser la persona más cariñosa que conozcas y a pensar, sentir y actuar como si fueras una de las personas más grandes que actualmente hay en el planeta (porque lo eres). Tu vida nunca será la misma y bendecirás muchas vidas.

Acaba de leer usted *Descubre tu destino con el monje que vendió su Ferrari*. ¿Qué debe hacer a continuación?

VIVA SU DESTINO™
El Sistema de siete Días para Despertar Su Vida Más Grande

Live Your Destiny™ es un programa de aprendizaje en 6 CD que cambiará su vida y le ayudará a integrar el conocimiento de *Descubre tu destino con el monje que vendió su Ferrari* en su vida cotidiana. En siete días de transformación Robin Sharma será su entrenador personal y le enseñará exactamente cómo debe dar los pasos necesarios para vivir su vida más auténtica y manifestar sus mayores deseos. En este sistema de entrenamiento fácil de seguir pero profundo descubrirá usted:

- Cómo tener la vida que siempre ha querido.
- Maneras eficaces de hacer que su talento más alto brille en el mundo.
- Estrategias específicas para sentirse mucho más feliz y alcanzar la libertad personal.
- Herramientas que le ayuden a liberar sus temores, vencer sus limitaciones y sentir mucha más confianza de la que jamás haya sentido.
- Formas extraordinarias de amar su trabajo y ser el primero en su profesión.

- Ideas poco conocidas para tener el amor que quiere y estrechar sus relaciones.
- Cómo atraer la abundancia, el éxito y la importancia a su vida.
- Un proceso completo para tener una salud óptima y energía sin límites.

Live Your Destiny™ también va acompañado de un cuaderno de ejercicios descargable muy rico en contenido y sumamente eficaz que le servirá de guía del sistema de siete días, así como un vale de descuento por valor de 100 dólares en el popular Awakening Best Self Weekend de Robin Sharma, un taller de dos días y medio que ha revolucionado la vida de personas de todo el mundo.

$99,95 CDN
$69,95 USD

Para hacer su pedido, sencillamente visite robinsharma.com o llámenos al teléfono gratuito 1.888.RSHARMA (774.2762).